四特 教育系列丛书 SITE JIAOYUXILIECONGSHU

U0640473

锻炼学生思维力
的智力游戏策划

《"四特"教育系列丛书》编委会 编著

吉林出版集团股份有限公司
全国百佳图书出版单位

图书在版编目（CIP）数据

锻炼学生思维力的智力游戏策划／《"四特"教育系列丛书》编委会编著．—长春：吉林出版集团股份有限公司，2012.4

（"四特"教育系列丛书／庄文中等主编．学校体育竞赛与智力游戏活动策划）

ISBN 978-7-5463-8623-2

Ⅰ. ①锻… Ⅱ. ①四… Ⅲ. ①智力游戏－青年读物②智力游戏－少年读物 Ⅳ. ① G898.2

中国版本图书馆 CIP 数据核字（2012）第 041990 号

锻炼学生思维力的智力游戏策划

DUANLIAN XUESHENG SIWEILI DE ZHILI YOUXI CEHUA

出 版 人	吴 强	
责任编辑	朱子玉 杨 帆	
开 本	690mm×960mm 1/16	
字 数	250 千字	
印 张	13	
版 次	2012 年 4 月第 1 版	
印 次	2023 年 2 月第 3 次印刷	

出 版	吉林出版集团股份有限公司	
发 行	吉林音像出版社有限责任公司	
地 址	长春市南关区福祉大路 5788 号	
电 话	0431-81629667	
印 刷	三河市燕春印务有限公司	

ISBN 978-7-5463-8623-2　　　　　定价：39.80 元

前　言

学校教育是个人一生中所受教育的最重要组成部分，个人在学校里接受计划性的指导，系统地学习文化知识、社会规范、道德准则和价值观念。学校教育从某种意义上讲，决定着个人社会化的水平和性质，是个体社会化的重要基地。知识经济时代要求社会尊师重教，学校教育越来越受重视，在社会中起到举足轻重的作用。

"四特教育系列丛书"以"特定对象、特别对待、特殊方法、特例分析"为宗旨，立足学校教育与管理，理论结合实践，集多位教育界专家、学者及一线校长、教师的教育成果与经验于一体，围绕困扰学校、领导、教师、学生的教育难题，集思广益，多方借鉴，力求全面彻底解决。

本辑为"四特教育系列丛书"之《学校体育竞赛与智力游戏活动策划》。

学校体育运动会是学校教育教学工作的一个重要组成部分，是体育活动中的一个重要内容。它不仅可以增强学生的体质，同时也可以增强自身的意志和毅力，并在思想品质的教育上，发挥不可替代的作用。学校通过举办体育运动会，对推动学校体育的开展，检查学校的体育教学工作，提高体育教学、体育锻炼与课余体育训练质量和进行学校精神文明建设等都具有重要的意义。本书旨在普及体育运动的知识，充分调动广大青少年学生参与体育活动的积极性，内容包括学校体育运动会各个单项的竞赛与裁判知识等内容，具有很强的系统性、实用性、实践性和指导性。

将智力和游戏结合起来，通过游戏活动达到大脑锻炼的目的，是消除疲劳、增强脑力、重塑脑功能结构的主要方式，是智力培养的重要措施。

青少年的大脑正处于发育阶段，具有很大的塑造性，通过智力游戏活动，能够培养和开发大脑的智能。特别是广大青少年面临着巨大的学习压力，智力游戏活动则能够使他们在轻松愉快的情况下，既完成繁重的学业任务，又能提高智商和情商水平，可以说是真正的素质教育。为了使广大青少年在玩中学习，在乐中提高，我们根据青少年的生理、心理特点，特别编写这套书。我们采用做游戏、讲故事等方法，让广大青少年思考问题，解决难题，并在玩乐的过程中，循序渐进地提高智商和开发智力，达到学习与娱乐双丰收的效果。

本辑共20分册，具体内容如下：

1.《团体球类运动竞赛》

学校体育运动的目的是调动学生活动的兴趣，提高学生参加体育运动和各种活动的积极性和参与率，让学生在运动中体会到参与的快乐。本书就学校团体球类运动的竞赛与裁判问题进行了系统而深入的阐述，使学生掌握组织团体球类竞赛的方法，体例科学，内容全面，具有很强的系统性、实用性、实践性和指导性。

2.《小型球类运动竞赛》

小型球类运动竞赛包括排球、羽毛球和乒乓球等比赛。学校体育运动的目的是调动学生活动的兴趣，提高学生参加体育运动和各种活动的积极性和参与率，让学生在运动中体会到参与的快乐。小型球类运动竞赛包括排球、羽毛球和乒乓球等比赛。本书就学校个人球类运动的竞赛与裁判问题进行了系统而深入的阐述，体例科学，内容全面，具有很强的系统性、实用性、实践性和指导性。

3.《跑走跨类田径竞赛》

学校体育运动的目的是调动学生活动的兴趣，提高学生参加体育运动和各种活动的积极性和参与率，让学生在运动中体会到参与的快乐。跑走跨类田径竞赛包括长短跑、跨栏跑和竞走等项目比赛。本书就学校跑走跨类田径运动的竞赛与裁判问题进行了系统而深入的阐述，体例科学，内容全面，具有很强的系统性、实用性、实践性和指导性。

4.《跳跃投掷类田径竞赛》

长期以来，在技术较为复杂的非周期性田径项目的教学中，一般都采用以分解为主的教学法。这种教学法，教学手段烦琐，教学过程复杂，容易产生技术的割裂和停顿现象，特别是与现代跳跃和投掷技术的快速和连贯性有着明显的矛盾。因此，它对当前进一步提高教学质量产生十分不利的影响。本书就学校跳跃投掷类田径运动的竞赛与裁判问题进行了系统而深入的阐述，体例科学，内容全面，具有很强的系统性、实用性、实践性和指导性。

5.《体操运动竞赛》

竞技性体操包括竞技体操、艺术体操、健美操、技巧、蹦床五项运动。其中，竞技体操男子项目有自由体操、鞍马、吊环、跳马、双杠、单杠六项，女子项目有跳马、高低杠、平衡木、自由体操四项。本书就学校竞技体操运动的竞赛与裁判问题进行了系统而深入的阐述，体例科学，内容全面，具有很强的系统性、实用性、实践性和指导性。

6.《趣味球类竞赛》

学校体育运动的目的是调动学生活动的兴趣，提高学生参加体育运动和各种活动的积极性和参与率，让学生在运动中体会到参与的快乐。本书就学校趣味球类竞赛项目运动的竞赛与裁判问题进行了系统而深入的阐述，体例科学，内容全面，具有很强的系统性、实用性、实践性和指导性。

7.《水上运动竞赛》

水上运动包含五个项目：游泳、帆船、赛艇、皮划艇、水球。本书就学校水上运动的竞赛与裁判问题进行了系统而深入的阐述，体例科学，内容全面，具有很强的系统性、实用性、实践性和指导性。

8.《室内外运动竞赛》

室内运动栏目包括瑜伽、拉丁舞、肚皮舞、普拉提、健美操、踏板操、舍宾、跆拳道等，户外运动栏目包括攀岩、登山、动感单车、潜水游泳、球类运动等。本书就学校室内外运动的竞赛与裁判问题进行了系统而深入的阐述，体例科学，内容全面，具有很强的系统性、实用性、实践性和指导性。

9.《冰雪运动竞赛》

冰雪运动主要包括冬季运动和轮滑运动训练、竞赛、医疗、科研、教学、健身、运动器材、冰雪旅游等。本书就学校冰雪运动的竞赛与裁判问题进行了系统而深入的阐述，体例科学，内容全面，具有很强的系统性、实用性、实践性和指导性。

10.《趣味运动竞赛》

趣味运动，是民间游戏的全新演绎，是集思广益的智慧创造，它的样式不同，内容各异。趣味运动会将"趣味"融于"团队"中，注重个人的奉献与集体的协作。随着中国经济文化的迅速发展，人们精神文化生活的丰富，趣味体育也有了更广阔的发展，成为一种新的时尚。本书就学校趣味运动的竞赛与裁判问题进行了系统而深入的阐述，体例科学，内容全面，具有很强的系统性、实用性、实践性和指导性。

11.《锻炼学生观察力的智力游戏策划》

发展观察力的游戏有"目测""寻找""发现"等。这些游戏可帮助学生加强观察的目的性、计划性，扩大观察范围，使孩子能更多、更清楚地感知事物。本书对锻炼学生观察力的智力游戏项目策划进行了系统而深入的阐述，体例科学，内容全面，具有很强的系统性、实用性、实践性和指导性。

12.《锻炼学生注意力的智力游戏策划》

注意力不集中是儿童普遍存在的问题。他们在听课、做作业、看书、活动等事情上，往往不能集中注意力，也没有耐心。在人们的生活、学习和工作过程中，注意力起着非常重要的作用。有位教育专家说："注意力是学习的窗口，没有它，知识的阳光就照射不进来。"本书对锻炼学生注意力的智力游戏项目策划进行了系统而深入的阐述，体例科学，内容全面，具有很强的系统性、实用性、实践性和指导性。

13.《锻炼学生记忆力的智力游戏策划》

记忆力游戏是一种主要依赖于个人记忆力来完成的单人或团体游戏。这类游戏的形式无论是现实或网络中都是非常多的，能否胜出本质上取决于个人的记忆力强弱，这也是一种心理游戏。本书对锻炼学生记忆力的智力游戏项目策划进行了系统而深入的阐述，体例科学，内容全面，具有很强的系统性、实用性、实践性和指导性。

14.《锻炼学生思维力的智力游戏策划》

在这本书里，你会找到极其复杂的，也是非常简单的推理问题，让人迷惑不解的图形难题，需要横向思维的难题和由词语、数字组成的纵向字谜，以及大量的包含图片、词语和数字，或者三者兼有的难题。现在，你需要的是一支铅笔和一个安静的角落，请尽情享受解题的乐趣吧!

15.《锻炼学生想象力的智力游戏策划》

学校的智力游戏活动主要是锻炼学生认识、理解客观事物并运用知识、经验等解决问题的能力，它是直接为学生提高学习能力而服务的，也是学生学习知识的实践运用，它不仅具有趣味性，更具有娱乐性。本书对锻炼学生想象力的智力游戏项目策划进行了系统而深入的阐述，体例科学，内容全面，具有很强的系统性、实用性、实践性和指导性。

16.《锻炼学生表达力的智力游戏策划》

语言表达能力是现代人才必备的基本素质之一。在现代社会，由于经济的迅猛发展，人们之间的交往日益频繁，语言表达能力的重要性也日益增强，好口才越来越被认为是现代人所应必备的能力。本书从大量的益智游戏中精选了一些能提高青少年记忆力的思维游戏，为广大读者提供了一个检视自身思维结构、全面解码知识、融通知识、锻炼思维的自我训练平台。

17.《锻炼学生学习力的智力游戏策划》

学校的智力游戏活动主要是锻炼学生认识、理解客观事物并运用知识、经验等解决问题的能力，它是直接为学生提高学习能力而服务的，也是学生学习知识的实践运用，它不仅具有趣味性，更具有娱乐性。本书对锻炼学生学习力的智力游戏项目策划进行了系统而深入的阐述，在游戏中培养孩子的学习能力，体例科学，内容全面，具有很强的系统性、实用性、实践性和指导性。

18.《锻炼学生空间力的智力游戏策划》

学校的智力游戏活动主要是锻炼学生认识、理解客观事物并运用知识、经验等解决问题的能力，它是直接为学生提高学习能力而服务的，也是学生学习知识的实践运用，它不仅具有趣味性，更具有娱乐性。本书对锻炼学生空间力的智力游戏项目策划进行了系统而深入的阐述，体例科学，内容全面，具有很强的系统性、实用性、实践性和指导性。

19.《锻炼学生实践力的智力游戏策划》

社会实践即通常意义上的假期实习，对于在校大学生具有加深对本专业的了解、确认适合的职业、为向职场过渡做准备、增强就业竞争优势等多方面意义。有些学生希望趁暑假打零工，挣些零花钱。本书对锻炼学生实践力的智力游戏项目策划进行了系统而深入的阐述，体例科学，内容全面，具有很强的系统性、实用性、实践性和指导性。

20.《锻炼学生创造力的智力游戏策划》

本书对创造能力的培养进行了研究，包括创造力的认识误区、创造力生成的基本理论、创造力的提升、管理者应具备的技能等，同时针对学生设计的游戏形式来进行创造力的训练。其实，想要激发孩子的创造力，家长可以和孩子做一些简单的活动。比如，和孩子玩拍手游戏，或者和孩子一起编故事，所有这些都能让孩子进入有创意的世界。本书对锻炼学生创造力的智力游戏项目策划进行了系统而深入的阐述，体例科学，内容全面，具有很强的系统性、实用性、实践性和指导性。

由于时间、经验的关系，本书在编写等方面，难免会存在疏漏之处，衷心希望各界读者、一线教师及教育界人士批评指正。

编者

目　录

13

1. 什么叫思维力

思维力是人脑对客观事物间接的、概括的反映能力。当人们在学会观察事物之后，会逐渐把各种不同的物品、事件按照经验进行分类归纳，不同的类型都能通过思维进行概括。

思维科学认为，思维是人接收信息、存贮信息、加工信息及输出信息的活动过程。从思维的本质来说，思维是具有意识的人脑对客观现实的本质属性，内部规律的自觉的、间接的和概括的反映。

通过多维立体的思考找出一类事物共同的、本质的属性和事物间内在的、必然的联系方法的能力属于理性认识。当人们在学会观察事物之后，会把各种不同的物品、事件按照经验进行分类归纳，不同的类型都能通过思维进行概括，这就是思维的特点。

2. 思维训练的基本内涵

（1）思维力训练的广与狭

从广义上来看，思维普遍存在于人们生活的方方面面。每个人从一生下来就在接受着各种各样的思维训练，不论是母亲教孩子学会吃饭、走路，还是教师教学生写字画画；不论是接受某种观念，还是养成某种习惯，从本质上说都是一种头脑的思维训练。从狭义上来讲，思维训练则指的是专类思维训练，确切的是指一种高级的思维训练。用一个通俗的比喻来说，广义的思维训练是孩子在母亲的帮助下学会涂鸦乱抹，而狭义的思维训练是学生在教师指导下学习绘画创作。二者的本质虽然相同，但层次却有很大差别。

（2）思维力训练的虚与实

许多人在初识思维训练的时候，都觉得训练思维很"虚"，既不像绘画打字那样有实用价值，又不像学习数学、语文那样有可见的知识积累。如果我们因为思维看不见摸不着而将它视为"虚"，将思维训练视为无用，那就错了。思维训练看似很"虚"，却是实实在在的。从用途上来讲，任何实用技能训练归根到底都是思维的训练。绘画本身是实的，但如果不掌握绘画的技法和艺术的创作规律等"虚"的东西，就不可能画出好作品。而学习和消化这些技法和规律，实际上是在接受一种绘画思维训练。从层次上来看，越是智能水平高的训练，就越能呈现出虚多实少的特征，社会越发展，越需要人们的抽象思维发达。

（3）思维力训练的源与流

思维训练是目前世界上最流行也最有效的智力开发方法之一，不过它并不是现代独有的专利，目前的思维训练是建立在最新的思维科学成果和古代的头脑训练术基础上的。早在古希腊时期，著名的哲学家苏格拉底就创造了有名的"头脑助产术"。现代社会，思维训练受到人们的普遍欢迎，其中商业因素的推动功不可没。在西方发达国家，大型公司一般都比较重视对员工的培训工作，尤其是创造思维的培训几乎是总经理与高级主管的必修课，因为他们在实际工作中切实感受到接受过思维培训和没有接受过思维培训的效果是大不一样的。

3. 思维训练应遵循的原理

（1）简单与复杂

从多角度、多层次、多种方式去分析问题（即使是简单的小问题）的思维叫作复杂的思维模式。只能从一个角度、一个层次、一种方式去看问题的思维叫作简单模式。思维力训练的目的不是为寻找到答案，而是要使思维模式由简单向复杂转化，即培养多角度、多层次、多方式看问题、发现问题、分析问题并解决问题的思维习惯。复杂的思维模式可以使我们在遇到复杂问题时能简便快捷地有效处理，能以小见大，从简单中看出复杂，从司空见惯中发现规律，看到真谛。达到这种水平的思维能力才算是拥有敏锐的头脑。思维力训练题的简单与复杂并不是训练的关键，关键在于大脑的思维模式是复杂的模式还是简单的模式。所以在思维训练中，我们要仔细区别思维模式的简单与复杂和思维训练题的简单与复杂。如果不进行这种有效的训练，即使知识渊博、阅历丰富的人，也会出现用简单的思维模式去分析处理、解决复杂的问题的情况。

（2）低级与高级

高级思维与低级思维是层次上的不同，具有相对性的特点。思维的高级与低级主要体现在采用何种思维方式上。比较而言，抽象思维方式比形象思维方式高级，创造性思维方式比模仿性思维方式高级，立体思维方式比平面思维方式高级，横向思维方式比纵向思维方式高级等。在思维力训练过程中应该辩证地看待低级思维方式与高级思维方式的关系。不能因为追求高级思维方式而抛弃低级思维方式。因为低级思维方式是高级思维方式的基础，高级思维方式是低级思维方式的发展。二者是相互依存、相互联系的关系。为了达到高级思维方式而跨越低级思维方式是不可取的，也是不可能的。在思维力训练过程中，应该让思维由低级向高级逐步发展，低级思维方式的训练有助于拓宽夯实根基，为思维向高层次发展创造条件。而高级思维方式有利于迅速提高思维的层次，开阔眼界。只有进行二者之间的依次训练和交叉训练，才能在思维训练中握准尺度，取得最佳的训练效果。

（3）过程与结果

人们往往会出现重视结果而轻视过程的思维倾向。但在思维力训练中要关注的重点却是思维力的过程。一般的学校教育，通常采用两种教学方式，一类教学方式是把问题的结果直接告诉学生，另一种方式是把获得结果的过程传授给学生。前一种方式很省事，但对学生并无好处；后一种方式很麻烦，学生却可以受益终身。当然，并不是说思维力训练就不应该注重结果，这里强调过程是为了使接受训练的人学会更准确地观察问题，更高效地分析问题，更科学地解决问题。训练的目的不是只满足于获得一个答案。答案并不是问题的关键，如何去找答案才是最重要的。

（4）方法与训练

思维方法是人们从无数次思维活动的经验和教训中总结出来的智慧结晶，可分为两大类：一类是怎样提高思维智能的思维方法。例如，形象记忆法可以提高记忆力，联想创造法可以提高创造力等。另一类是怎样科学地观察问题、分析问题和解决问题的思维方法。例如，辩证思维法、逻辑思维法、逆向思维法以及系统思维法等。

虽然掌握正确的思维方法后可以大大提高思维能力，但掌握思维方法与将它转化为思维技巧之间还有一段很长的训练过程要走，只有经过长期大量的思维训练，我们才能在思维实践活动中纯熟地运用思维方法指导各种各样问题的解决。

在思维训练过程中，大量的训练是很重要的，科学的方法也是重要的。不重视方法的学习，大量的训练只会是低水平的重复，劳而无功。不加强训练，学到的方法就转化不成技能，没有实用价值。思维方法的学习和思维技能的训练是两个过程，不能相互替代。厚此薄彼或缺少其中任何一环，都不能算是科学的思维训练。

(5) 定型与活化

思维定型或形成思维定势是思维发展的必然趋势，是不可能避免的。问题的关键在于如果我们的大脑不能有意识地塑造高效的、正确的思维模式，任其自由发展，则有可能形成低劣的、错误的思维模式。思维定型或形成思维定势并不可怕，可怕的是形成错误的思维模式或形成低劣的思维定势。在思维训练中让思维定型不仅是必然的也是必需的，问题的关键在于我们怎样让思维定型和塑造什么类型的思维模式，才能使头脑最大限度地发挥其智力潜能。

知识教育最关心的是知识积累的过程，把知识的系统学习当作教育的核心任务，这样容易使思维畸形发展定型。而思维教育是把发展学生的思维能力、培养正确的思维方式放在教育的中心位置。

思维训练并不只是一个简单的思维模式生成训练，它还包括思维活化和思维创新等训练。从某种程度上讲，所有的思维定势都对头脑具有一定的束缚作用,而要想已定型的思维模式改变更是困难重重。思维活化训练就是为了使思维摆脱定势的束缚,超越固定模式的局限而设计的训练。这种训练能把思维从无意识的、被束缚的"睡态"中唤醒,超越旧的思维层面,从更高的位置俯视自己的思维活动,这时所有的思维定势和模式都成了思维的工具。

(6) 潜能与技能

思维训练的目的归根到底是为开发个人的智力潜能。天赋只是一种潜能,只有经过长期的技能训练才能将它转化为现实的能力。思维训练的核心是把大脑的思维当作一种技能来进行训练,就像是训练绘画技能和运动技能一样。

思维的本能不等于思维的能力,任何一种能力的形成都是反复的技能性训练的结果,必须把思维视为一种技能的反复训练。把思维当作一种技能来训练是对智力的一种专业化要求。

思维技能的核心训练主要分为两部分:一是根据问题的类型、难易、繁简,训练把思维方法转化为现实的能力;二是训练综合运用各种思维方法解决问题的能力。

4.思维的调整方法

人的思维水平是由其包括非智力因素的思维品质所决定的。根据智力心理学的前沿观点,改善一个人的思维品质最主要的就是提高其认知水平,即形成一种根据自身认知特点自觉调整控制思维过程、认知策略的思维习惯。更通俗地说,就是养成一种自觉思维。在掌握了一定认知策略与自身认知特点的基础上，经常自觉地对自己思维的状况本身进行"反思"，监控与调整，久而久之形成一种下意识按照思维认知规律与自身认知特点进行思维的习惯。这种训练方式确实有用，不过必须要持之以恒，且注意力一定要集中。

目前在思维过程中存在的问题如下：

（1）在记忆方面的问题

第一，由于对初始信息、事物本身观察的不深刻、不全面，以及记忆得不准确、不深刻，造成在思维过程中常出现思维前提、已有判断、信息被遗忘或掌握不确切的情况，导致进一步地分析、推理无法有效展开。

第二，在平时学习中，由于未能将各种信息、知识分门别类有序地加以储存（短时记忆转为长时记忆），也没有经常性地对知识进行系统化地整理，导致知识记忆得不牢固，知识储存的相对无序，这就造成了在具体思维过程中所需的问题信息、背景知识不能被迅速检索、有效地激活运用，导致了思维的不畅与经常卡壳的后果。

（2）在思维的程序与策略方面的问题

某些思维的程序化策略掌握得不够熟练，其种类与数量也不够。具体表现在以下两点：

第一，对某些思维的程序化策略的掌握还远未达到"内在化"的程度。

当问题超出经验思维的有效范围，直觉思维偏差或丧失方向时，相关的程序化思维不能迅速被激活，甚至压根就没有学习过相关问题情境的问题解决策略，无法自觉有效地指导思维找到新的方向，造成思维卡壳、中断。

第二，对数学、逻辑等思维工具掌握不熟练。

只能较直接、凭经验地分析问题，不善于将其转换为数学、逻辑形式加以考察，造成很多问题因无法抽象、简化而难以解决；很多问题也因无法量化、具体化，导致难以比较分析而不能有效解决。

（3）思维的自我调整（自我监控）方面的问题

在思维的自我监控程序中计划、意识、方法、执行、反馈等几个环节尚存在严重不足。究其根本，这反映了思维本身的"自觉性"，即自我监控的习惯尚未完全养成。其中，需要特别注意的是计划、意识、反馈这几个环节。

第一，计划。在思维前应先对目的、目标进行精确界定的习惯尚不巩固，对思考的内容、要点、问题的核心结构等问题也往往缺乏基本的界定。

第二，意识。对"意识"本身的意识，对"思维"本身的思维还未形成一种本能，尚须不断的自我提醒。

第三，反馈（调整）。对思维效果、效率的评估，思维过程本身的反思与调控目前是做得最差的。

（4）思维品质方面的问题

思维的分析性与批判性仍不足，仍过于依赖已有经验与模式，对于经验以外的新问题，仍未形成一种通过深入、细致观察发现其线索，善于根据所有已知条件、线索加以系统考察的习惯，经常是浅尝辄止，一时找不到答案后就将其束之高阁。思维的灵活性仍须加强：应更加注意从不同角度去看待、分析同一事物，锻炼自己用不同途径、方法解决同一问题的能力。

（5）非智力因素方面的问题

在思维中注意力的高度集中一直都是一个问题。注意力的不集中使得思维中的问题意识与目标意识仍不够强烈，思维经常陷入漫无目标、毫无结果的"玄想"。若在这方面能有所改善，对整个思维效率的提升效果将是显著的。

（6）改进建议

第一，加强自觉思维的习惯，经常性地把思维过程本身进行"反思"，通过"大声思维"的方式，找出影响其正确性与效率的各种因素、根源，加以改进。

第二，强化对思维规程与思维策略的训练，特别是应掌握决策思维的一般程序（问题分析、目标确定、提出多个备选方案、择优选用、实施、反馈、调整）、手段与目的分析、逆推法、简化变型（化归）法、典型分析归纳法、推导树法、类别推理与假说法、决策树法、决策表法等分析推理技法。

第三，在对概念的学习中，尽可能地使用概念图或事物关系联系图，以全面深刻地把握概念的内涵、外延及与其它概念的关系。

第四，在思维过程中，注意加强意识本身的调控作用，当思维出现偏差、卡壳、空白及失去方向时，能立刻意识到这一点，不在已有的圈子里继续打转，而是重新对情况作出评估，从其他角度分析问题，重新获得方向。

第五，在思考前或思考中，尽量调整情绪、精力。

5. 思维力的提高方法

(1) 思维力的表现方式

智力水平主要通过思维能力反映出来。思维水平的高低，反映一个人智力活动水平的高低，它从不同方面表现出来：

第一，独立性。思维能力强的人必定是善于独立思考的人。即使他请教别人、查阅资料，也是以独立思考为前提的。

第二，灵活性与敏捷性。对事物反应迅速且灵活，不墨守成规，能较快地认识、解决问题。

第三，逻辑性。思考问题严密且科学，不穿凿附会，得出的结论有充足的理由和证据，前因后果思路清晰。

第四，全面性。看问题不片面，能从不同角度整体地看待事物。

第五，创造性。对问题能提出创造性见解，别人没想到的他能够想到。

(2) 思维力的提高方法

思维能力是指正确、合理思考的能力，即对事物进行观察、比较、分析、综合、抽象、概括、判断、推理的能力，采用科学的逻辑方法，准确而有条理地表达自己思维过程的能力。它与形象思维能力截然不同。

思维能力不仅是学好数学必须具备的能力，也是学好其他学科、处理日常生活问题所必需的能力。数学是用数量关系（包括空间形式）反映客观世界的一门学科，逻辑性强又严密。

第一，灵活使用逻辑。有思维能力不等于能解决较难的问题，仅就逻辑而言，有使用技巧问题，熟能生巧。学数学可知，解题多了，你就知道必须出现怎样的情况才能解决问题，可叫数学哲学。总的来说，文科生与理科生差异在此，不在思维的有无。同时，现实中人们认为逻辑思维能力强的，实际上是思想能力强，并非分文理。而且思想也不是逻辑地得到，而是逻辑地说明。

第二，参与辩论。思维能力在辩论中提高，包括自己和自己辩论。例如，关于是主权高于人权还是人权高于主权的问题是值得辩论的，在辩论过程中提高自身的思维能力。

第三，敢于质疑。如果权威结论或个人结论在逻辑上明显解释不通时，要敢于质疑。

第四，培养独立思考的习惯。有的学生遇到疑难问题，总希望教师给他答案。有些教师会直接把答案告诉学生，这对发展学生的智力没有好处。优秀的教师面对学生的问题，会告诉他们自己寻找答案的方法，启发学生运用自己学过的知识和经验去寻找答案。当学生自己得出答案时，不仅会充满成就感，而且会产生新的学习动力。

第五，让自己经常处在问题情景之中。当你提出问题时，老师要跟学生一起讨论问题，老师的积极主动对学生影响很大。特别是有的老师弄不懂的问题，还可以通过请教他人、查阅资料、反复思考获得圆满答案，这个过程最能提高学生的思维能力。

第六，收集动脑筋的故事和资料。动脑筋的故事和资料很多，有的是真人真事，有的是寓言故事，有的是科普性读物。空闲时间翻阅这些资料，讨论感兴趣的问题。

第七，举办智力竞赛。学校可以利用节假日进行智力竞赛，教师和学生轮流做主持人，设立小奖品或其他奖励措施。为了营造浓厚的气氛，可以请其他年级的学生参加。

第八，引导学生一起讨论，设计解决问题的思路，参与解决问题的过程。教师应引导学生并与学生一起共同讨论、设计解决问题的方案，并付诸实施。这个过程需要分析、归纳、推理，需要设想解决问题的方法与程序，这对于提高学生的思维能力和解决问题的能力大有帮助。

6. 思维训练的误区

思维的概念是什么，到底如何培养思维能力，对此很多家长并不了解。

误区一：思维训练不可捉摸

分析：美国著名心理学家吉尔福特将思维能力纳入了智力结构的范畴中，提出了著名的智力结构理论。吉尔福特理论认为，人的智力是由 120 个智力因子组成，这 120 个智力因子分别负责人类不同领域的智力活动，智力活动的水平是由这些智力因子的发展水平来决定的。而影响这些智力因子发展水平的是思维内容、思维操作过程和思维结果。同时，他认为，思维能力是可以在儿童时期培养的，不过思维作为人类潜在的一种心理品质，其培养不是一朝一夕进行几个活动就能完成的，需要家长在日常生活中的引导，也是有培训方法的。

误区二：思维能力就是想象力

分析：很多家长都认为思维培训就是开发想象力，其实这是错误的概念。在教育中，思维是一种考虑问题的逻辑推理方法，是孩子发现问题、解决问题的能力。它好比是手上的工具，这种能力能让孩子得到更多的知识和更丰富的生活体验。

误区三：优秀的孩子思维能力一定强

分析：现在的孩子都很优秀，琴棋书画样样精通，而孩子思考问题和解决问题的能力却是家长往往会忽视的地方。除了拥有各种各样的特长，孩子是否拥有一个会思考的大脑也很关键，只有会思考的人才是主宰未来的人。

7.思维力的训练方法

思维能力的训练是一种有目的、有计划、有系统的教育活动。它的作用不可轻估。人的天性对思维能力具有影响力，但后天的教育与训练对思维能力的影响更大、更深。许多研究成果表明，后天环境能在很大程度上造就一个新人。

思维能力的训练主要目的是改善思维品质，提高学生的思维能力。只要能在实际训练中把握住思维品质，进行有的放矢的努力，就能顺利地并卓有成效地坚持下去。思维尽管看不见，摸不着，但它却是实实在在有特点、有品质的普遍心理现象。

(1) 推陈出新训练法

当看到、听到或者接触到一件事情、一种事物时，应当尽可能赋予它们新的性质，摆脱旧有方法束缚，运用新观点、新方法、新结论，反映出其独创性，按照这个思路对学生进行思维方法训练，往往能收到推陈出新的效果。

（2）聚合抽象训练法

聚合抽象训练法是把所有感知到的对象依据一定的标准"聚合"起来，显示出它们的共性和本质，这能增强学生的创造性思维活动。针对这个训练方法，首先，要对感知材料形成总体轮廓认识，从感觉上发现十分突出的特点；其次，要从感觉到共性问题中肢解分析，形成若干分析群，进而抽象出本质特征；再次，要对抽象出来的事物本质进行概括性描述；最后，形成具有指导意义的理性成果。

（3）循序渐进训练法

循序渐进训练法对学生的思维很有裨益，能增强学生的分析思维能力和预见能力，能够保证学生事先对某个设想进行严密的思考，在思维上借助于逻辑推理的形式，把结果推导出来。

（4）生疑提问训练法

生疑提问训练法是对事物或过去一直被人认为是正确的东西或某种固定的思考模式敢于并且善于或提出新观点和新建议，并能运用各种证据证明新结论的正确性。这也体现着一个学生的创新能力。训练方法是：首先，每当观察到一件事物或现象时，无论是初次还是多次接触，都要问"为什么"，并且养成习惯；其次，每当在工作中遇到问题时，尽可能地寻求自身运动的规律性，或从不同角度、不同方向变换观察同一问题，以免被知觉假象所迷惑。

（5）集思广益训练法

集思广益训练法是在一个组织起来的团体中，借助思维大家彼此交流，集中集体智慧，广泛吸收有益意见，从而达到思维能力的提高。此法有利于研究成果的形成，还具有潜在的培养学生的研究能力的作用。因为，当一些富有个性的学生聚集在一起，由于各人的起点、观察问题角度不同，研究方式、分析问题的水平的不同，势必会产生种种不同观点和解决问题的办法。通过比较、对照、切磋，这之间就会有意无意地学习到对方思考问题的方法，从而使自己的思维能力得到潜移默化的改进。

8.思维训练之模糊思考法

有人用一只大木笼装了一只鹿、一只獐，送给王元泽的父亲王安石。

这时王元泽还是个小孩子。送东西的人问王元泽：

"你看，这笼子里哪只是鹿？哪只是獐？"

王元泽不认识獐，也不认识鹿。他想了一下就回答说：

"鹿旁边的是獐，獐旁边的是鹿。"

大家听了都拍手叫好。

你觉得为什么王元泽的回答好呢？其实很简单，他就好在不明确，好在含糊其词。这就是模糊思维法。

模糊思维法是与精确思维相对立的，但是模糊思维现象并非含混不清，更不是抛开逻辑，放弃精确，而是辩证思维，以达到模糊与精确相统一，逻辑与非逻辑相结合，使之具有广泛的实用价值。社会生活中有些问题还非使用模糊思维不可。

在南朝时，齐高帝曾与当时的书法家王僧虔一起研习书法。有

16

一次，高帝突然问王僧虔说："你和我谁的字更好？"

这问题比较难回答，说高帝的字比自己的好，是违心之言；说高帝的字不如自己，又会使高帝的面子搁不住，弄不好还会将君臣之间的关系弄得很糟糕。

这时候，王僧虔巧妙地回答："我的字臣中最好，您的字君中最好。"

虽然皇帝也听出了王僧虔的言外之意是自己的字比较好一些，但至少他也说了皇帝的字在皇帝中是最好的。

高帝领悟了其中的言外之意，哈哈一笑，也就作罢，不再提这件事了。

可见，在许多场合，有一些话不好直说不能直说也无法明说，模糊回答法就比较合适。怎样进行模糊思考呢？

（1）歧义模糊

在特定场合，特定情况下，如果根据需要有意识地利用歧义，制造歧义是一种机智的模糊思维法。

鲁迅在某大学任教期间，校方号召开一次专门会议，无理削减一半经费，遭到了与会人员的反对。

校方不但不予理睬，反而阴阳怪气地说："关于这件事，不能听你们的。学校的经费是有钱人出的，只有有钱人，才有发言权。"

他刚说完，鲁迅即从口袋里摸出两个银元"啪"地一声拍到桌子上，铿锵有力地说："我有钱，我有发言权。"校长措手不及，哑口无言。

这里，鲁迅就把有钱这个词故意曲解了。

（2）谐音模糊

在汉语中，谐音给理解带来了一定的麻烦。但是，利用谐音也可以在思维及与他人交流和辩论中取得有利地位。

一天，苏东坡与和尚朋友一起泛舟赤壁。苏东坡见一条狗在河滩上啃骨头，马上灵机一动，说："狗啃河上（和尚）骨。"朋友听苏东坡的诗中别有含义，于是回敬道："水流东坡诗（尸）。"

表面看来，两人好像是吟诗写实，颂扬风雅，但实际上两人都在互相戏弄，互相嘲笑。

9. 思维训练之立体思维法

有三个年轻的泥匠工人在一个工地上同砌一堵墙。

领导来视察，问道："你们在干什么？"

第一个工人苦着脸说："砌墙。"

第二个工人微笑地说："我们在盖一幢高楼。"

第三个人自豪地说："我们正在建设一个新的城市。"

10 年之后，第一个人在另一个工地上砌墙；第二个人坐在办公室中画图纸，他成了工程师；第三个人则成了城市规划师。

一位心理学家曾经出过这样一个测验题：

在一块土地上种植四棵树，使得每两棵树之间的距离都相等。受试的学生在纸上画了一个又一个的几何图形：正方形、菱形、梯形、平行四边形……然而，无论什么四边形都不行。这时，心理学家公布了答案，其中一棵树可以种在山顶上。这样，只要其余三棵树与之构成正四面体的话，就能符合题意要求了。这些受试的学生考虑了那么长的时间却找不到答案，原因在于他们没有学会使用一种创造性的方法——立体思维法。

立体思维法也叫整体思维法或空间思维法，是指对认识对象从多角度、多方位、多层次、多学科地考察研究，力图真实地反映认识对象的整体，以及这个整体和其他周围事物构成的立体画面的思维方法。

立体思维要求人们跳出点、线、面的限制，有意识地从各个方面考虑问题，也就是要"立起来思考"。

古代印度的合罕王，打算重赏国际象棋的发明者——宰相西萨。西萨向国王请求说："陛下，我想向你要一点粮食，然后将它们分给贫困的百姓。"

国王高兴地同意了。

西萨说："陛下，请您派人在这张棋盘的第一个小格内放上一粒麦子，在第二格放两粒，第三格放四粒……照这样下去，每一格内的数量比前一格增加一倍。用麦粒摆满棋盘上所有 64 个格子，我只要这些麦粒就够了。"

所有在场的人都觉得西萨很傻，连国王也认为西萨太傻了，但国王还是答应了西萨这个看起来微不足道的请求。

于是，国王派人开始在棋格上放麦粒，一开始只拿了一碗麦粒。在场的人都在笑西萨。随着放置麦粒的方格不断增多，搬运麦粒的工具也由碗换成盆，又由盆换成箩筐。即使到这个时候，大臣们还是笑声不断，甚至有人提议不必如此费事了，干脆装满一马车麦子给西萨就行了。

不知从哪一刻起，喧闹的人突然安静下来，大臣和国王都惊诧地张大了嘴。因为他们发现，即使倾全国所有，也填不满下最后一个格子了。

事实上，你如果计算一下就会发现，最后一格的麦粒是一个长达 20 位的天文数字！这样多的麦粒相当于全世界两千年的小麦产量。国王当然是无法实现这个诺言的。就这样，西萨不仅显示了自己的智慧，而且为贫困的百姓争取到了足够多的粮食。

10. 思维训练之链式思维法

美国阿拉斯加涅利新自然保护区动物园里生活着大量的鹿。当地居民经常可以看到狼把鹿群追得四处逃命，许多鹿被咬得鲜血淋漓。

动物园为了保护鹿群，便对狼进行了大围剿。不久，狼被消灭光了。

鹿群没了天敌后，生活得非常安逸。它们整天在园子里吃草、休息，结果体质反而退化了，居然成群成群地死去。

为了不让鹿濒临灭绝，当地居民请来了著名的动物专家来想办法。动物专家在自然保护区内观察了一段时间后，居然又运了一些狼放在保护区内。

当地的居民非常不解，鹿快要死光了，再放一些狼进去，鹿不是死得更快吗？

但是，动物专家的解释却不是那么回事。他说："每一种生物都有天敌，这样可以通过自然淘汰保持生物的优良品种，促进生物的生存繁殖，这就是生物链。失去了天敌，生物链就被破坏了，鹿自然走向了死亡。"

这就是链式思维。链式思维法是用分支树图的形式，首先设计出了各种可供选择的答案或因素，以表明它们之间的前后联系，然后从中权衡。

链式思维的关键是要想到一个事物与其他事物是形成一条链的，每个事物都像锁链上的一个环，环环相连。只要提起一个事物，就要想到第二个事物，然后是第三个，一直想到最后一个。

例如，我们打算记忆以下 10 个词语：月亮、嘴巴、鸡、飞机、树林、水桶、唱歌、篮球、日记、床。就可以通过链式思考来记忆。我们可以这样联想：

第一步，把月亮和嘴巴通过联想联系起来，可以这样想像：弯弯的月亮长着一个圆圆的嘴巴；

第二步，把嘴巴与鸡联系起来，可以接着往下想：月亮正张开嘴巴要吃东西，突然看一只鸡走了过来，于是嘴巴赶紧停止吃东西，想跟鸡打招呼；

第三步，把鸡与飞机联系起来，可以接着往下想：但是，鸡却不想理月亮，它坐上飞机飞走了；

第四步，把飞机与树林联系起来，接着往下想：鸡开着飞机来到一片树林里；

第五步，把树林与水桶联系起来，接着往下想：树林里有一群伐木工人正在伐木；

第六步，把水桶与唱歌联系起来，接着往下想：一个个水桶做出来了，水桶居然在树林唱歌；

第七步，把唱歌与篮球联系起来，接着往下想：水桶唱歌的声音把篮球吸引了过来，蓝球非常奇怪水桶居然有这么动听的歌声；

第八步，把篮球与日记联系起来，接着往下想：篮球回到家，把自己看到的东西写在了日记上；

第九步，把日记与床联系起来，接着往下想：篮球写完日记，觉得非常累，就上床睡觉了。

通过这样的联想，就把上面这 10 个词语联系起来了。当然这里的联想有点麻烦，但是只要你习惯以后，这种联想在很短的时间内就能完成。

11. 逻辑思维的培养

逻辑思维本身虽然不大可能像形象思维与直觉思维那样直接形成灵感或顿悟。但是，时间逻辑思维又是创造性思维过程中的一个不可缺少的要素。这是因为，不论是形象思维还是直觉思维，其创造性目标的最终实现都离不开时间逻辑思维的指引、调节与控制的作用。

例如，"大陆漂移说"尽管是起源于对世界地图的观察与想象，但是在 20 世纪初期曾进行过这类观察和想象的并非只有德国的魏格纳一人，当时美国的泰勒和贝克也曾有过同样的观察和想象，并且也萌发过大陆可能漂移的想法，但是最终未能像魏格纳那样形成完整的学说。其原因就在于，这种新观点提出后，曾遭到传统"固定论"者（认为海陆相对位置固定的学者）的强烈反对。泰勒和贝克等人由于缺乏基于逻辑分析的坚定信念的支持，不敢继续朝此方向进行探索，所以最终仍停留在原来的想象水平上。只有魏格纳（他原来是气象学家）

利用气象学的知识对古气候和古冰川的现象进行逻辑分析后，所得结论使其仍坚持原来的想象，并在这种分析结论的指引与调控下，对大洋两侧的地质构造及古生物化石进行了深入的调研，终于在 *1915* 年发表了著名的《海陆的起源》一书，以大量的证据提出了完整的"大陆漂移说"。

又如，阿基米德在盆浴时发现水面上升与他身体侵入部分体积之间的内隐关系，固然是由于直觉思维（把握事物之间的关系）而产生的顿悟，但是这种顿悟并非凭空而来的。这是阿基米德事先通过逻辑分析、推理得知的。例如，如果是纯金的皇冠，由于其密度已知，在体积一定的条件下其重量很容易计算出来，再与皇冠实际测量出的重量相比较，即可确定皇冠是否用纯金制成。换句话说，只要能测量出其体积就能计算其重量，也就能据此判定是否掺有杂质，于是问题的关键就转化为如何测量皇冠的不规则体积。正是在这一逻辑思维结论的指引下，阿基米德才能把自己直觉思维的焦点指向与皇冠体积测量相关联的事物，才有可能在盆浴过程中发生顿悟。而在此之前，尽管阿基米德也曾在千百次盆浴中看到过同样的现象，却从未能发生类似的顿悟，就是由于缺乏逻辑思维指引的缘故。

再如，"爱莲说"之所以具有永恒的艺术魅力和净化人们心灵的强大精神力量，也绝不仅仅是由于作者的形象思维和作者的文采，而首先是和作者几十年来的人生感悟分不开——这种"感悟"是作者通过对社会上各种人际关系进行深刻的逻辑分析、推理后所做出的关于人生价值的判断，所以这种艺术魅力和精神力量也是和作者的逻辑思维分不开的。

以上事实表明，逻辑思维虽然不能直接产生灵感或顿悟（灵感或顿悟总是来自形象思维或直觉思维），但是对创造性目标的实现却有指引和调控作用，离开逻辑思维的这种作用，光靠形象思维和直觉思维，创造性活动是不可能完成的。泰勒和贝克等人虽然曾和魏格纳有过同样的观察和想象（即有过同样的灵感或顿悟），但最终仍停留在原来的想象水平，不能实现理论上的创新，其原因概出于此。

12. 创新思维训练习题

（1）巧排队列

24个人排成6列，要求每5个人为一列，请问该怎么排列好呢？

（2）升斗量水

一长方形的升斗，它的容积是1升。有人也称之为立升或公升。现在要求你只使用这个升斗，准确地量出0.5升的水。请问应该怎样做才能做到这一点呢？

（3）违纪开车

在美国城市街道的交叉路口上，明文规定有步行者横过公路时，车辆就应停在人行道前等待。可是偏偏有一个汽车司机，当交叉路口上还有很多人横过马路时，他却突然撞进人群中，全速向前跑。这时旁边的警察看见了也无所谓，并没有责怪他。你说这是为什么？

（4）变换方位

在桌子上并排放有3张数字卡片组成三位数字216。如果把这3张卡片的方位变换一下，则组成了另一个三位数，这个三位数恰好用

43 除尽。是什么数，怎样变换的？

（5）月球飞鸟

月球上的重力只有地球上的六分之一。有一种鸟在地球上飞 *20* 公里要用 *1* 小时，如果把它放到月球上，飞 *20* 公里要多长时间？

（6）诚实与说谎

A、B、C、D 四个孩子在院子里踢足球，把一户人家的玻璃打碎了。可是当房主人问他们是谁踢的球把玻璃打碎时，他们谁也不承认是自己打碎的。房主人问 A，A 说："是 C 打的。"C 则说："A 说的不符合事实。"房主人又问 B，B 说："不是我打的。"再问 D，D 说是 A 打的。已经知道这 *4* 个孩子当中有 *1* 个不会说假话，其余 *3* 个都说的是假话。请你帮助分析一下这个说真话的孩子是谁，打碎玻璃的又是谁？

（7）最后一个字母

英语字母表的第一个字母是 A，B 的前面当然是 A。那么最后一个字母是什么？

（8）沉船

某人有过这样一次经历：他乘坐的船驶到海上后就慢慢地沉下去了，但是船上所有的乘客都很镇静，既没有人去穿救生衣，也没有人跳海逃命，却眼睁睁地看着这条船沉没。

（9）火车过隧道

两条火车轨道除了在隧道内的一段外都是平行铺设的。由于隧道的宽度不足以铺设双轨，因此在隧道内只能铺设单轨。

一天下午，一列火车从某一方向驶入隧道，另一列火车从相反方向驶入隧道。两列火车都以最高的速度行驶，然而它们并未相撞。

这是为什么？

(10) 车祸

车祸发生后不久，第一批警察和救护车已赶到现场，发现翻覆的车子内外都是血迹，却没有见到死者和伤者，为什么？

正确答案

（1）巧排队列答案：排成六角形。

人们在日常生活中对于排列，往往局限于横排或者竖排，但5人为一列，排成6列，显然24人是不够排的。所以不打破常规，这个问题是解决不了的，由于人数不够排列时必须要考虑有的人要兼任两个队列的数目，这样排列时，就不难考虑出六角形的形状。

（2）升斗量水答案：用升斗斜着量就可以做到。

旧有的思维习惯紧紧追随着我们，我们使用量杯或升斗时，常习惯于平直地计量体积。当你为解答这道问题而愁眉不展时，你可能从没想到改变一下升斗的摆放测量方式，把升斗倾斜使用，改变虽然很小，却是打破习惯和思想解放的表现，有时是很难迈出一步的。与这个问题相似，日常生活中有些货物难以进入狭窄的门口时，就需要上下颠倒或前后左右倾斜。

（3）违纪开车答案：你一定想，车开进了人群，会出人命的，警察怎么这么不负责。可是题中并没有说汽车司机开着车呀！在日常生活中，提到汽车司机，人们的头脑中就会出现司机驾驶着汽车的形象，所以，好多误解是我们没有认真看题的结果。汽车司机步行也是可以的，如果他步行着走进人群，全速向前跑，警察当然不会管了。

（4）变换方位答案：恰好用43除尽的三位数有129、172、215……你要心中有数，与"216"比较怎样变动可以满足要求。可将"216"中"21"左右交换为"12"，再把"6"的那张卡片上下倒置变为"9"即可变为"129"被43所除尽。

说到变换3张卡片的位置，多数人只想到卡片的左右位置交换，没有想到把卡片倒置。上下交换是一种新思路。这种新的思路并不只限于解决这一问题，和你有关的空间位置问题都可用新的思路去解决。

（5）月球飞鸟答案：你必须知道有关月球上的相关知识才能回答。如果你认为重力小飞行快而用60/6=10（分），那么这个答案将是荒谬的。因为月球上没有氧气，鸟儿根本没法呼吸，自然也就不可能飞了，恐怕它刚展开翅膀就会死掉。

（6）诚实与说谎答案：说真话的是C；打碎玻璃的是B。

思考方法是这样的：将所得到的材料，根据所给定的条件，一个一个地排除这个问题的不可能方面，逐步缩小问题的范围，进而解决问题，这是推理的一个好方法。因为4个孩子当中只有1个说了真话．所以可推理如下：

假如A说的是真话，那么B说的也是真话，2个孩子都说真话，不符合所设条件，所以可以断定玻璃不是C打碎的。同理D说的也不是真话，所以玻璃也不是A打碎的。此时只剩下孩子B与D了，假如打碎玻璃的是D，那么B与C都说了真话，所以打碎玻璃的必然是B了，而说真话的是C。

（7）最后一个字母答案：太容易了，你可能脱口而出"是Z"，可是你不觉得这样答太容易了吗？"太过容易"的问题你更要全面思考，认真回答。Z是26个字母中最后一个，题中问的是英语字母表的最后一个字母，不知你体会到了题中用意没有。正确答案应该是T。

因为 alphabet（字母表）的第一个字母是 A，最后一个字母是 T。

（8）沉船答案：在潜水艇里。

（9）火车过隧道答案：两列火车在不同的时间里驶入隧道。

（10）车祸答案：这是一辆献血车。

1. 电话问题

有一天晚上，一个朋友打电话给尼可，问了他一个问题。尼可思考了一下回答说，这个问题我知道，告诉你吧！

但过了一会儿，另外一个朋友也打电话给尼可，问的也是同样的一个问题，但尼可却回答不知道！

特别说明的是：尼可和这两位朋友之间的关系都很一般，但他也不是在开玩笑。

请问：尼可到底被朋友问了什么样的问题？

2. 谁的年龄大

小英和小红是姐妹俩。有一天，一个路人问她们："你们俩个谁的年龄比较大一些呀？"

小英说："我的年龄比较大。"

小红说："我的年龄比较小。"

她们两个不是双胞胎，而且她们之中至少有一个人在说谎。

请问：她们两个谁的年龄比较大？

3. 商场购物

小涛、小宇、小闯三个人约定周日一起去商场买东西。他们各自买了不同的东西（书包、CD、英语词典、篮球等）。

请根据他们三个人所说的话，推断出谁买了什么东西。其中，每个人的话都有一半是真的，一半是假的。

小涛："小宇买的不是篮球，小闯买的不是 CD。"

小宇："小涛买的不是 CD，小闯买的不是英语词典。"

小闯："小涛买的不是书包，小宇买的是英语词典。"

请问：他们三个人各买了哪些东西？

4. 亲兄弟

在北京一个大杂院里，分别住着四户人家，并且每家各有两个男孩。在这四对兄弟中，哥哥分别是日、月、水、火，弟弟分别是 A、B、C、D。一次，有位过路人看到这几个孩子正在一起玩耍，便上前问道："你们谁和谁是亲兄弟呀？"

他们的回答分别是：

月说："水的弟弟是 D。"

水说："火的弟弟不是 C。"

日说："月的弟弟不是 A。"

火说："他们三个人中，只有 D 的哥哥说了实话。"火的话是可信的，听完他们的话，过路人想了好半天也没有想出到底谁和谁是亲兄弟。聪明的朋友，你能帮他想一想吗？

5. 录取情况

王兵、张丽、马涛三人被北京大学、清华大学和北京师范大学录取了，但是他们分别被哪个学校录取的，还有很多人不知道。为此，他们的同学进行了如下的猜测：

同学 A 猜：王兵被清华大学录取，马涛被北京师范大学录取。

同学 B 猜：王兵被北京师范大学录取，张丽被清华大学录取。

同学 C 猜：王兵被北京大学录取，马涛被清华大学录取。

结果，同学们的猜测各对了一半。

那么，他们的录取情况是：

A. 王兵、张丽、马涛分别被北京大学、清华大学和北京师范大学录取。

B. 王兵、张丽、马涛分别被清华大学、北京师范大学和北京大学录取。

C. 王兵、张丽、马涛分别被北京师范大学、清华大学和北京大学录取。

D. 王兵、张丽、马涛分别被北京大学、北京师范大学和清华大学录取。

E. 王兵、张丽、马涛分别被清华大学、北京大学和北京师范大学录取。

你认为哪个答案是对的？

6. 谁是男性谁是女性

张强夫妇有七个孩子。从老大到老七分别为甲、乙、丙、丁、戊、己、庚。现在，他们兄妹七人的情况如下：

1. 甲有三个妹妹。

2. 乙有一个哥哥。

3. 丙是女性，她有两个妹妹。

4. 丁有两个弟弟。

5. 戊有两个姐姐。

6. 己也是名女性，但她和庚没有妹妹。

根据这些条件，你能推算出他们兄妹七人谁是男性，谁是女性吗？

7. 谁是真正的朋友

玲玲是一个气质高雅、活泼开朗的女孩，所以在她所在的班上，有九个同学希望和她交朋友，而这九个人中，有一个人是玲玲真正的朋友。以下是这九个人所说的话，假设他们中间有四个人说实话，那么根据你的推测，谁才是玲玲真正的朋友？

A：我想一定是 G。B：我想是 G。C：我是玲玲真正的朋友。D：E 在说谎。E：我想一定是 I。F：不是我也不是 I。G：F 说的是实话。

H：C是玲玲真正的朋友。I：我才是玲玲真正的朋友。

8. 有几个天使

有一天，一个旅行家在深山中行走，突然出现了三个人，分别为A、B、C，这三个人要旅行家判断他们之中有几个天使。可是旅行家实在不知道哪个是天使，哪个是魔鬼。在他的心目中，天使常常说真话，而魔鬼会说假话。

A说："在B和C之间，至少有一个是天使。"

B说："在C和A之间，至少有一个是魔鬼。"

C说："我告诉你正确的消息吧。"

那么，你能从她们的话中，判断有几个天使吗？

9. 谁在后面，谁在前面

A、B、C、D、E、F六个人排成一排在进行一项训练。F没有排在最后，而且他和最后一个人之间还有两个人；E不是最后一个人；在A的前面至少还有四个人，但他没有排在最后；D没有排在第一位，但他前后至少还有两个人；C没有排在最前面，也没有排在最后。

请问：他们六个人的前后顺序是怎样的？

10. 赴宴会

有三对新婚夫妇住在同一幢楼里。一天，他们一同收到了一份请贴，要到西城区参加宴会，但是门外只停着一辆能容纳两人坐的小汽车，而且没有司机。每个丈夫随时都要保护他美丽的新娘，不让自己的新娘和别的男子坐在一起。

请问，他们三对妇夫该如何去参加宴会？最少要往返多少次？

11. 如何报案

史密斯先生在皇冠大酒店被一个歹徒挟持了，歹徒逼迫他给家里打电话，说他很好。史密斯先生拿过电话，说了下面一段话：

"亲爱的老婆，您好吗？我是史密斯，昨晚有点不舒服，所以没能和你一起去夜总会，现在好多了，多亏皇冠大酒店经理送我的特效药。亲爱的，你千万不要和我这样的'坏人'生气，我们会永远在一起的，请你一定要原谅我的失约，我的病现在不是好了吗？今晚回到家再向你道歉。可别生我的气呀！那就这样吧，再见！"

可是，大约十分钟过后，正当歹徒准备带走史密斯先生时，警察突然出现在了他们的面前，歹徒不得不举手投降。你知道史密斯先生是怎么报的案吗？

12. 谁送的礼品

在一个乡镇里，有五个爱喝酒的人，并且嗜酒如命。因此，他们每个便得了一个与酒有关的绰号，分别是"威士忌""鸡尾酒""茅台""伏特加""白兰地"。圣诞节到了，他们中的每一个人，都向其他四个人分别送了一瓶酒。其中，没有人赠送的是相同的礼品；每一件礼品都是他们中某个人的绰号所表示的酒；没有人赠送或收到的礼品是他自己的绰号所表示的酒。"茅台"先生送给"白兰地"先生的是鸡尾酒；收到白兰地酒的先生把威士忌酒送给了"茅台"先生；其绰号和"鸡尾酒"先生所送的礼品名称相同的先生把自己的礼品送给了"威士忌"先生。

请问："鸡尾酒"先生所收到的礼品是谁送的？

13. 魔力棋牌

在一偏远的村庄里，有一个人很会玩牌，而且常常能变幻出不同的花样。所有牌到了他的手里，像有了魔力一样，他说是什么就是什么。

有一天，这个村子里来了几位客人，这个人就拿出了做了标记的三张牌，三张牌是这样标记的：正面分别是"√""√""×"，反面分别是"√""×""×"。然后对他们说："我能在不看的情况下，从这三张牌中抽出一张，然后放在桌上，正面反面都无所谓。只要让我看一眼朝上的那一面，我就能说出朝下的那一面是什么标记，你们信不信？"对方摇头。于是，这个人又说了："我们打个赌，如果我说对了，你们给我 100 块；如果我说错了，我给你们 200 块。"那几个人认真看了下牌，上面的"√"和"×"各半，并且没有其他的任何标记。于是，纷纷说好。

那么，你觉得这个人有胜算吗？

14. 小明属于哪个家庭

小明今年 13 岁，他的父母为他举办了一个小型的生日宴会。在这个生日会上，有来自 A、B、C 三个不同的家庭的 12 个孩子，当然，也包括小明所在的家庭。在这 12 个孩子当中，有以下几个特点。

1. 除小明 13 岁外，其余的都不到 13 岁。

2. 每个孩子的年龄都不相同。

3. 在 1 ~ 13 这 13 个数字中，除某个数字以外，其余的数字都表示某个孩子的年龄。

下面，把每个家庭的孩子的年龄加起来，得出了以下结论。

A 家庭：年龄总数是 41，包括一个 12 岁的。

B 家庭：年龄总数是 23，包括一个 5 岁的。

C 家庭：年龄总数是 21，包括一个 4 岁的。

那么，请问小明属于哪一个家庭？

15. 密码的学问

密码里面含有高深的学问，这里有一种密码只由 A、B、C、D、E 字母组成，而且密码的字母由左至右写成。下面一系列的条件，只有完全满足的才能组成密码。

1. 每个密码的文字最短只为两个字母，可以重复。

2. 密码的首个字母不能是 A。

3. 一旦 B 字母在某一密码文字中出现，那么，B 这个字母就得在这一密码中出现两次以上。

4. C 不可为最后一个字母，也不可为倒数第二个字母。

5. 如果这个密码文字中有 A，那么一定有 D。

6. 除非这个密码文字中有 B，否则 E 不可能是最后一个字母。

请问：

1. 如果某一种密码只有字母 A、B、C 可用，且每个字只能用两个字母组成，那么可组成密码文字的总数是几？

2. 下面给出的五组密码中，有一组是错误的，但是只要改变字母的顺序，它就可以变成一个密码文字。你知道是哪一组，怎么改吗？

a. BBCDE。

b. BBBAD。

c. CADED。

d. DABCB。

e. ECCBB。

16.哪位小姐喜欢养蛇

五位小姐，所穿的衣服颜色都不相同，所有小姐的姓也不一样，喜欢养的宠物也不同，喝不同的饮料，吃不同的水果。翁小姐养了一只狗；钱小姐穿红色的衣服；穿绿衣服的小姐站在穿白衣服小姐的左边；穿绿衣服的小姐喝咖啡；吃西瓜的小姐养鸟；穿黄衣服的小姐吃柳丁；赵小姐站在最左边；站中间的小姐喝牛奶；吃橘子的小姐站在养猫小姐的旁边；养鱼的小姐吃柳丁；赵小姐站在穿蓝衣服的小姐旁边；吃苹果的小姐喝香槟；江小姐吃香蕉；只喝开水的小姐站在吃橘子的小姐旁边。请问：哪位小姐喜欢养蛇？（不速之"题"的克隆版）

17.杂技演员

在一艘正在海上航行的轮船上，住了一位叫 Allen 的工程师。她到甲板上散步不到十分钟，就起了狂风。谁知当她返回房间时，却发现价值 2 万美元的钻石戒指不见了。接到报案的乘警立即对附近的船舱进行搜查。很快搜查到隔壁的客舱，这里有一个自称是杂技演员的人正在写作，他的桌案上放着一叠厚厚的稿纸。

乘警问到："请问您几点开始写作的？"

杂技演员回答："我从晚上 7 时一直写到现在。"

这时，警长发现稿纸上的字写得工工整整。他突然大声地说："你说谎！"并命几个警察立刻搜查，结果搜出了赃物。

你知道警长是根据什么断定杂技演员说谎的吗？

18. 猜国籍

有一次，吉米去参加一个国际型的户外活动。参加这次活动的有来自好几个国家的人。现在知道：所有的英国人穿西装；所有的美国人穿休闲服；而没有既穿西装又穿休闲服的人。

那么对于穿休闲服的吉米，你认为下面的判断哪个是正确的呢？

A. 吉米是美国人。

B. 吉米不是美国人。

C. 吉米是英国人。

D. 吉米不是英国人。

19. 孪生姐妹

前天，小花和小明一起玩的时候，小花给小明出了一道题，题目是这样的：有一对孪生姐妹，姐姐出生于2001年，而妹妹出生于2000年。小明想了好几天，也没有头绪。于是他问爸爸，小花是不是在撒谎。爸爸听后，笑了起来，说："小花没有撒谎。"于是爸爸向小明说明了原因，小明一下子就明白了。

请问：原因是什么呢？

20. 张先生的未婚妻

小赵、小钱、小孙、小李和小周五位女士是张先生的好朋友，他们经常在一起聊天。而在这五位女士中，有一位是张先生的未婚妻。下面是这五位女士的一些情况，请你判断哪个才是张先生的未婚妻。

1. 在这五位女士当中，有三位女士小于三十岁，其余两位女士大于三十岁。

2. 其中两位女士是教师，其他三位是秘书。

3. 小赵和小孙属于相同的年龄档；小李和小周属于不同的年龄档。

4. 小钱和小周的职业相同；小孙和小李的职业不同。

5. 张先生的未婚妻是一位年龄大于三十岁的教师。

你得出答案了吗？

21. 判断血缘关系

尼可是一个可爱的大男孩。一天，他和妹妹相约在街上散步。这时，尼可突然想起他可爱的小外甥，于是，就对妹妹说："我亲爱的小外甥就在前面那家快餐店里打工，我想去看看他，顺便买些东西给他。"

"哦，我可没有什么外甥可以看。"说完，尼可的妹妹就先走了。

问题：尼可的妹妹和那位神秘的小外甥是什么关系呢？

22. 小猫的名字叫什么

动物园开课了，在一间教室里，总共有6个位置，分为两排。第一排从左到右的三个位置分别用 A、B、C 代替；第二排从左到右三个位置则分别用 D、E、F 代替。今天来上课的全是长得很相似的小猫咪，而且他们都有自己的名字。那么，你能根据他们所坐的位置分别叫出他们的名字吗？他们是这样坐的：

1. 咪咪坐在第一排。

2. 花花和球球坐在同一排。

3. 花花在咪咪的左边。

4. 球球所坐的位置的右边或者是 C，或者是 F，而黑黑则是坐在中央位置。

5. 忽忽坐在蓝蓝的右侧。

23. 两对三胞胎

A、B、C、D、E 和 F 是两对三胞胎，现在，他们之间有着复杂的关系。而我们知道的是：在他们六个人中，四个人是男性，而女性只有两个人；这两对三胞胎中，没有一对全为男性，或者全为女性；其中 A 与 D 已经结为夫妇了，而 B 又是 E 的唯一的兄弟。同胞兄弟姐妹不可以婚配，同性也不可以婚配。那么，你认为下面哪一对人不可能是兄弟姐妹关系。

1. A 和 E。

2. C 和 F。

3. D 和 E。

4. D 和 F。

5. F 和 E。

24. 白纸破案

简是一位视觉障碍者，但他也是国际上有名的作曲家。他还有一个同样是视觉障碍者的朋友，叫作库尔，音乐家库尔在简住院的时候经常来看他。于是，简在病危的时候，让自己的妻子拿来笔、纸及个人签章，然后请库尔来作公证人，立下了一份遗嘱：把自己一半的财产捐给残疾人福利机构。他把写好的遗嘱装进信封并亲手密封好，然后郑重地交给库尔。接过遗嘱的库尔，立即专程送到银行的保险箱里保存起来。

一个星期后，简去世了。在他的葬礼上，库尔拿出这份遗嘱交到残疾人福利机构的代表手中，但是当这位代表打开的时候，却发现是一张白纸，没有任何字。库尔简直无法相信，简亲手写，亲自密封的，自己亲手接过，并且由银行保管的遗嘱竟成了一张白纸！这时，来参加简的葬礼的尼克探长拿过来看了看，说："这份遗嘱在法律上是有效的！"众人都疑惑地看着他，你知道尼克探长为什么说它有效吗？

25. 猜年龄

这里有王二、张三、李四三个人，下面为他们三个人的情况。

1. 将张三的年龄数字的位置对调一下，就是李四的年龄。

2. 王二年龄的两倍是张三与李四两个年龄的差数。

3. 李四的年龄是王二的 *10* 倍。

请问，你知道他们的年龄各是多少吗？

26. 副司机姓什么

一列火车在深夜里呼呼地行走着，车上的三位乘客分别为老张、老陈和老孙，巧的是，这列火车的司机、副司机、司炉恰好和这三位乘客的姓一样，现在知道：

1. 乘客老陈家住天津。

2. 乘客老张是位工人，已经参加工作 *20* 年了。

3. 副司机家住在北京和天津之间。

4. 乘客老孙经常在车上和司炉下棋。

5. 这三位乘客中有一个是副司机的隔壁邻居，副司机的这位邻居是位工人，他的工龄恰好是副司机的三倍。

6. 三位乘客中，有一位与副司机同姓的乘客家住北京。

根据上面的情况，你能推断副司机姓什么吗？

27. 三兄弟锁橱门

张一、张二、张三是三胞胎，爸爸为他们三人做了一个共用的橱柜，然后发给他们每人一把锁和开这把锁的钥匙。

有一天，爸爸对他们三个人说："我这里有一个条件，如果你们能做到的话，我明天就去买一只足球给你们踢。而这个条件是：如果你们要踢球的话，只有当三个人都在的时候才能把足球拿出去踢。你们该怎样做才能达到这个条件？"这时，老大张一说了："爸爸，我们只要采取一种锁法，就能符合你提出的条件。"

请问：三兄弟应该怎样锁橱门呢？这种锁法，实际上是运用了怎样的判断形式？

28. 今天星期几

爸爸妈妈都去上班了，几个小朋友在院子里玩耍，突然一个小朋友问："今天是星期几？"

小红说："后天是星期三。"

小华说："不对！今天是星期三。"

小江说："哈哈！你们都说错了，明天才是星期三。"

小波说："我可以肯定的是，今天既不是星期一也不是星期二，更不可能是星期三。"

小明说："昨天我去学舞蹈了，而我每个星期四才去学的。所以昨天是星期四。"

小芳说："不对！明天才是星期四。"

小美说："你们说了这么多，我知道的是，昨天爸爸妈妈去上班了，所以，昨天不是星期六。"

在他们这几个人的说法之中，只有一个人讲对了。那么，今天到底是星期几？

29. 智者的手法

有一天，苏格拉底领着一个青年到智者欧底姆斯那里请教学问。欧底姆斯向这个青年提出这样一个问题："你要学习的是已经知道的东西，还是不知道的东西呢？"这个青年肯定地回答了他，"当然学习的都是我不知道的东西呀！"从这个问题就引出了智者欧底姆斯对青年了一系列的问题：

"那么你认识字母吗？"

"我当然认识。"

"认识的是所有的字母吗？"

"是的。"

"所以，你跟老师学习字母的时候，你已经认识了它们？"

"是的。"

"那么老师教你的，就是你已认识的啦？"

"是的。"

"或者你并不在学习，只是那些不认识字母的人在学习吧？"

"不，我也在认真的学习。"

"再问一次，如果你认识字母，那你就在学习你已经知道的东西了。"

"是的。"

"那么，可见你最初的回答就不对了。"

青年一愣，终于明白了，心里也对欧底姆佩服得很。于是甘心拜他为师。

那么请问：欧底姆斯到底是使用什么手法，让这个青年甘心拜他为师？

30. 小白兔摸黑装信

小白兔有 4 个朋友，他们是小山羊、小黄牛、小松鼠、小浣熊，他们经常书信往来，感情非常好。

有一天晚上，小白兔分别给 4 个朋友写信，当小白兔写好信笺和信封正要分装时，突然停电了。小白兔摸黑把 4 封信装进信封里，每个信封要对号装一页信瓤。兔妈妈说："这么黑你会装错的。"小白兔说："我估计最多只有一封信装错。"

请问：小白兔的估计正确吗？为什么呢？

31. 准确的判断

在一个金属加工厂的车间里，有 4 块锡皮，它们的面积和厚度都相同。车间要用这4块锡皮做容器，分别从中剪去了一部分。车间工程师王叔叔考问徒弟小张，要小张用最简单的办法判断剩下的锡皮哪一块的面积最大？哪一块的面积最小？小张很快用最简单的办法算出了剩下的4块锡皮的面积。

请问：小张采用的是什么方法呢？

32. 圣诞老人的礼物

圣诞节又到了，孩子们早就准备好了大袜子挂在床头上，等着装圣诞老人送来的礼物。圣诞老人整整酣睡了一年，他睁开朦胧的眼睛，下床后，就开始为孩子们准备圣诞礼品。圣诞老人穿上那套红色的毛绒服，拿出新袜子，准备往里面放一件东西，这是每年圣诞老人放在袜子中的第一件东西，不过这件东西，圣诞老人是不愿送给小朋友的。

请问：你知道圣诞老人往袜子里放的是什么东西吗？

33. 火上浇油是撒谎

张家发生了一场火灾，烧毁了许多财物。保险公司的调查员在调查损失情况时，张太太说："炒菜时火太旺了，锅里的油就着了火，我赶紧关上煤气，端起一个盆就向锅里燃烧的火泼去，后来才发觉盆里装着的不是水，而是一盆油，火上浇油，火越燃越旺，火焰一下就窜到了屋顶。"调查员听后对张太太说："你在撒谎！"

请问：你知道这是为什么吗？

34. 没人拿走的礼盒

老板准备了6种礼盒，价值由高到低分别是A、B、C、D、E、F。盒子里装有员工的年终奖金，数目不等。老板规定员工只能碰触自己中意的礼盒，其他的不准摸。其中，A礼盒最贵重，里面的奖金最多，可是没有人把A礼盒拿走。

请问：A礼盒为什么没人拿走。

35. 有奖摸乒乓球

在灯光市场上，一家商店举行摸奖销售。在摸奖箱里，装有8个蓝色乒乓球，15个白色乒乓球，12个黄色乒乓球。商家宣布，顾客只要在箱中摸出两个相同颜色的乒乓球，就有奖励。因为盒子又深又黑，摸乒乓球只能靠运气了。

请问：那最少要拿出多少个乒乓球才能确保有一对同色的乒乓球？

36. 苹果、梨、菠萝巧搭配

在一个水果店，有许多的苹果、梨和菠萝等水果。在柜台上放有一架标准的天平。售货员在称水果时，如果在天平一端放一个苹果和一个柚，就与另一端的菠萝重量相同；如果在天平一端放上一个柚子，就同一个苹果和一个梨子的重量相同；如果在天平一端放上两个菠萝，那么就和 3 个梨子一样重。那么，你知道一个柚子的重量等于几个苹果的重量吗？

37. 贺年卡的价钱

动物园的邮局发行新春有奖贺年卡。贺年卡设计精致，价格不等，满足了不同动物的要求，动物们争相购买。小兔买了 10 张，寄给了远方的好朋友。小狗买了 5 张，寄给了远方的同学。小狗比小兔省下了 3 元钱。

请问：它们谁买的贺卡要贵一些？每张贺卡多少钱？

38. 巧妙回答爸爸

娟娟每天都坐公共汽车上学。离娟娟家门不远处，有一个公共汽车站。汽车和电车都是隔 10 分钟来一次，票价也一样，只是汽车开过之后，隔 3 分钟电车才开来，再过 7 分钟下一趟公共汽车才开来。

有一天，爸爸问娟娟："根据这两种车的时间特点，你每天乘哪种车更好些？"娟娟稍一思索，就准确地回答出了爸爸的提问。

你知道娟娟是怎样回答的吗？

39. 多出几个洞

小熊是个足球迷，他每天都要踢足球，因此他的鞋袜都非常容易破，几乎一个月就要穿破 3 双袜子。第一双袜子破了 1 个洞，第二双袜子破了 2 个洞，第三双袜子破了 3 个洞。妈妈让小熊数一下，这些袜子一共有多少个洞。调皮的小熊却说有 12 个洞。

请问：小熊说得对吗？

40. 动物游乐园怎样走

在昆虫王国里，蜻蜓有 6 条腿，2 对翅膀；蜜蜂有 6 条腿，1 对翅膀；蜘蛛有 8 条腿，没有翅膀。有一次，蜻蜓、蜘蛛和蜜蜂组成了一个共有 18 个成员的小小动物游乐园。他们这个团里共有 118 条腿，20 对翅膀。

你认为这个小小动物游乐园中，蜻蜓组拥有多少名成员？蜜蜂组拥有多少名成员？蜘蛛组拥有多少名成员？

41. 只要哪个字

有一个卖瓜人在路口卖西瓜，他在西瓜堆上立着一张纸牌，上面写了六个大字：此地出卖西瓜。

有一位赶马的人看了对他说："你用不着写那么多字，少写两个完全可以。"卖瓜人觉得非常有道理，就去掉了两个字。又一个摇扇的人路过，说纸牌上的字非常啰嗦。于是，卖瓜人又去掉了两个字。又过了一会儿，有一个戴眼镜的人对他说只要一个字就行了，卖瓜人又去掉了一个字。最后，在纸牌上只有一个字了，但丝毫没有影响到生意。

请问：这最后一个字是什么？

42. 有折痕的四边形

在数学课上，张老师拿着一张长方形的纸沿中轴线对折了一次，然后再交叉着沿中轴线对折了一次。最后，张老师打开这张纸问："这样把这张纸对折，一共有几个有折痕的四边形？"

王玉同学说有 4 个，教师摇了摇头；李秀同学说有 9 个，老师摆了摆手。

其实这是一个简单的问题，可是他们都错了，到底有多少个呢？

43. 为何看起来小

佳佳的生日，莉莉送来一个生日蛋糕，两个小朋友快乐地分吃起蛋糕来。为了增加欢乐气氛，莉莉给佳佳出了一个思考问题。莉莉说："有几个形状和大小都相同的蛋糕，在什么情况下，靠你越近，你看起来反而越小呢？

佳佳拍了拍脑袋，很快就回答出来了。莉莉对佳佳说："你真聪明，奖励一块蛋糕。"说着，两个孩子哈哈大笑起来。

请问：佳佳是怎样回答的呢？

44. 跷跷板上比跳高

有一天，丹丹和东东玩着木制的跷跷板，东东突发奇想地说："如果有两个跷跷板，我们分别站在一个跷跷板的一边，而另一边请一个帮手帮忙，请谁来帮忙，我们跳得最高呢？"

丹丹说："我请大象帮忙，我肯定会跳得最高。"东东说："我请马戏团的高手帮忙，我肯定会跳得很高。"

请问：他们究竟谁说得对呢？

45. 巧妙过河

从前，有两个生意人，他们分别来到了一条小河的两岸，他们望着湍流的河水，都想到对岸去。河面有一丈宽，河水很深，而且河上又没有桥，两个人都不会游泳，但他们必须过河，而河两岸只有一块8尺长的木板。他们望着木板，终于想出了一个办法，两个人都顺利地渡过了河。

请问：这两个人想的什么办法过河的呢？

46. 黄豆和大米怎样倒

从前，有一个农民丰收后，他把大米和黄豆拿到市场上去卖。这个农民只有一个袋子，他先把大米倒进袋子里，用绳子捆牢，然后又倒进黄豆，扎好袋口，形状好似一个葫芦。农民把袋子扛在肩上就上路了。

农民在半路上遇见了一个商人。商人愿意高价买他的大米，但商人有一个条件，既不交换布袋，又不能把黄豆倒在地上，要把大米装进商人的布袋里，但不能把布袋剪破。

农民想了想，终于想出了一个好办法，既把大米倒进了商人的布袋，又满足了商人的条件。

请问：这个农民用的是什么方法？

47. 称出最轻球

在一次智力课上，老师让明明做一个试验。有 8 个形状和大小完全相同的球，其中有 1 个球比别的球轻些，其余的 7 个球重量完全相等。老师让明明只用一架天平，只让他称两次，就要把那个最轻的球找出来。明明想了想，果真在天平上称了两次，就把那个最轻的球找出来了。

请问：明明是怎样称的呢？

48. 轻一点的声音

夜深了，小莉和小梅还在放音乐。妈妈对她们说："孩子们，轻一点儿，邻居都睡觉了，别影响别人睡觉。"小莉和小梅却同时说："妈妈，我们听的正是你说的呢。怎么会影响邻居呢？"妈妈仔细地听了听音乐，觉得这种音乐有助于睡眠，就没有说什么了。

请问：小莉和小梅听的是什么音乐？

49. 最短的作文

在星期一的上午，老师给同学们布置了一篇作文，内容是要求写昨天足球赛的情况。小红只写了几个字就把笔放下了。

老师问他："你为什么写这么短！"

小红回答："我已经写好了。"

老师看了看，虽然很生气，但还是点了点头说："你不会虚构。"

请问：小红是怎么写的？

50. 住在哪个方向

强强的家离车站不远，因为有急事，强强要到城里去一趟。这

时正是中午 *12* 点，太阳正好照在他家的窗户和朝街的门上。强强出了大门，向右拐了个弯，走到街角时，又向右拐了个弯，就上了铁路上空的天桥。从桥上可以看见远处的城市，铁路一直向它伸展过去。下了桥右边的楼梯后，他再一次向右拐了个弯，便搭上了火车，向右驶去。

请问：强强的家住在城市的哪个方向？为什么？

51. 男生女生是多少

下课后，有许多学生没有出教室。明明站了起来，他看到教室里坐着的男生人数只有女生人数的 *1/3*，明明坐了下来。女生莉莉站了起来，她所看到的男女生人数相等。

请问：在教室里的男生女生各有多少人呢？

52. 熊大伯买米

小猴和熊大伯一起去买米，熊大伯买走了市场上唯一的一袋大米。从市场出来，熊大伯说："我挑两只筐，一只装有米，一只是空的，我怎么挑回去呢？"

调皮的小猴说："我坐在空筐里不就可以了吗？"熊大伯说："对呀，我真是傻。"小猴一下跳进了空筐里。熊大伯挑着大米和小猴往回走，累得汗流浃背。回到家，小猴笑着说："熊大伯上当了。"

请问：熊大伯真的上当了吗？

53. 三个人抬两根树

从前，有个地主到了年终要给长工结工钱的时候，地主却对3个长工说："要结工钱，必须做好最后一件事情，否则休想要钱。"然后地主叫3个长工到山上去，每人抬两根圆木回来，一共只能是3根。3个长工一商量，便每人从山上轻轻松松地扛着一根圆木回来了，然后按商量好的样子，把三根树摆好，叫地主来检验。地主一看，找不出什么毛病，只好给3个长工结账。

请问：3个长工是怎样摆放树木的？

54. 橡皮筋捆铅笔

在智力课上，李老师叫同学们亲自动手，用4根橡皮筋捆9支铅笔，每捆铅笔都必须是奇数。有的同学捆来捆去，怎么也没有捆出来。小聪却没有用多大的工夫，就按李老师说的捆好了。李老师看了，赞不绝口。

请问：小聪是怎样捆的呢？

55. 破碟子的重心

小洁和小美看完精彩的杂技表演后，都为杂技演员的精湛技艺所折服，都想学杂技表演的"绝活儿"。小洁和小美到杂技表演室向师傅们请教，王师傅教她们转转碟，把塑料棍头上的针顶在碟子的重心处就可以使碟子转起来。小洁和小美问王师傅，要是转一只破碟子，怎样才能找到这只破碟子的重心呢？

请问：王师傅该怎样回答呢？

56. 教书先生的文约

从前，有一个地主想请一位先生教他的小儿子读书。可他十分吝啬，只管饭，不给钱，没有人愿意去教书。有位老先生想教训一下这个地主，他就去应聘，双方商定立文约为凭。老先生写了一份没加标点的文约。地主不识字，就让老先生念给他听。老先生读到："无鸡鸭也可，无鱼肉也可，唯青菜豆腐不可少，不得学费。"

一年满了，老先生指责地主不给鸡鸭鱼肉，并讨要学费。双方争执不休，最后打起官司来。最后地主却输了官司，不得不给老先生一笔学费。

请问：这到底是为什么呢？

57. "爸爸"没叫错

晶晶和亮亮是明明初中时的同学。后来，晶晶和亮亮都当了教师。有一次，晶晶领着自己的孩子到街上散步，走着走着，突然遇到了亮亮。晶晶的孩子亲呢地叫亮亮"爸爸"。亮亮听了，高兴地抱过小朋友说:"我的小宝贝!"真是奇怪!亮亮怎么成了晶晶孩子的爸爸了呢?你认为这可能吗?为什么?

58. 姐妹年龄谁最大

小凤与小兰是很好的朋友,她们俩以姐妹相称,但不知道谁的年龄大。只知道小凤在过两年,年龄就是两年前的两倍;而小兰 3 年前的年龄刚好是 3 年后年龄的 1/3。女孩都不愿说出自己的年龄,我们也不好去问她们,只好去计算她们的年龄了。

请问:小凤与小兰今年各是多少岁?小凤、小兰的年龄谁大一些?

59. "口"字的含义

灰灰和白白打算一同去看望因病住院的老山羊伯伯。

灰灰问白白:"咱们星期几去呢?去时给山羊伯伯带些什么吃的东西呢?"

白白没有回答,只是在地上写了一个"口"字。

灰灰想了想,就点头同意了。

请问:灰灰和白白是星期几去的呢?他们带的是什么东西呢?

60. 安全进入湖心岛

有一个圆形的深水湖，它的直径为 *300* 米。在湖的中心有一个美丽的小岛，岛上有一棵大树，像一把伞一样盖着湖水，使得湖水更加清澈。在湖水边也有一棵大树，两棵大树相映成趣。有一个人想到湖中的小岛上去，但他又不会游泳。他随身带了一条长 *310* 米的尼龙绳，他想进入湖心小岛，怎样才能安全进入呢？

61. 谁偷了钱包

在一节拥挤的车厢内，有位乘客突然说钱包不见了。乘警便将紧靠着这个乘客坐的两个人带到了值班室问讯。其中，一个人拿出了残疾人的证件，证件上证明这个人是听觉障碍者；另一个人也出示了相关证件，证明了自己的身份。从这些情况看来，两个人好像都不是小偷。

乘警灵机一动，只简单而平静地说了一句话，便找到了偷钱包的人，并在他身上找到了钱包。

请问：谁是拿钱包的人？乘警说了一句什么话？

62. "困"字与"囚"字

古时候，有一个聪明的小孩儿。有一次，他看见邻居李大爷要砍掉院子里的一棵大树，他不明其意便问道："这棵树长得好好的，您为什么要砍掉它呢？"

李大爷说："你看，这院子方方正正的，里面长一棵树，就好像是个'困'字，这是多么不吉利呀！"

小孩儿听后，就用树枝随手在地上写了一个字，然后说："您看，照您的意思，砍掉这棵树，住在这方正的院子里，不是更不吉利了吗？"

李大爷看了小孩儿写在地上的字，觉得小孩儿的话很有道理，就不再砍树了。

请问：小孩写的是一个什么字？

63. 简单分油

有两个人到市场上去买油。卖主卖了一桶油，剩下一只空空的油桶，另一桶是满满的油。两个人都想买一桶油的一半，但卖主又没有其他度量仪器。卖主看见两只油桶大小、形状、质量、重量都完全相同，于是想了一个非常简单的办法，就把油平均分配在两只桶内了，让两个买主都满意地买走了。

请问：卖主是怎样把油平均分配到两只桶内的呢？

64. 提起冰块

一场大雪，把山野装点得银妆素裹。熊熊一早就起来堆雪人、玩冰块。在熊熊家的墙角，有一块冰块，熊熊想把这块冰弄去做雪人的写字台。熊熊只有一根长长的线绳，说来也真奇怪，熊熊用这根线绳，没有进行拎、系、捆、扎等，他却用线绳把冰块提到墙上了，简直就像耍杂技一样。

请问：熊熊是如何把冰块提到墙上的呢？

65. 怎样吊瓶子

明明和老师做试验，老师给了明明一个敞口的瓶子和一个完好无损但没充气的气球。老师要求明明除可以使用瓶子和气球两样东西以外，不允许借助任何其他工具，把这个敞口瓶吊离桌面。明明用了非常简单的办法，便把敞口瓶吊离了桌面。

请问：明明是怎样做的呢？

66. 谁偷了戒指

张太太的钻石戒指在早晨梳妆时不见了。张太太非常着急，于是就报了案。警察前来探查现场。张太太说她的戒指在早上 7 点钟还在，家里没有任何人来过，只有佳佳的小狗来过。管家扔给小狗一个吃剩的包子。警察听了张太太的汇报，就知道是谁偷了戒指了。

请问：到底是谁偷了戒指呢？

67. 父亲和儿子过河

黑熊叔叔带着胖胖和肥肥去看望生病的爷爷，但他们要经过一条小河。小河里只有一条船，这条船只能载起黑熊叔叔，或者只能载起胖胖和肥肥。一旦超重，小船就有可能沉没。黑熊叔叔想了一个办法，虽然比较麻烦，但还是渡过了小河。

请问：黑熊叔叔采用什么办法渡河的呢？

68. 地球是谁的

动物们常常聚在一起争论地球是属于谁的问题。小猫说地球是猫科动物的，猴子说地球是灵长类动物的。争论来争论去，有的说地球是犬科动物的；有的说地球是鸟类的；鱼儿说地球是以水为主体，所以应该属于水生动物等。众口不一，莫衷一是。这些说法都不正确，你说这是为什么呢？

69. 枯井的深度

建建带着几个朋友去探险旅游，他们在一个山洞里发现了一口枯井，于是他们想测量一下枯井的深度。大家把鞋带解了下来，把4根一样长的鞋带连接起来放到枯井里，鞋带下端碰到井底时，上端露出井口3尺；把鞋带折成相等的5段放下去，当下端到井底时，上端还露出井口1尺。

请问：这口枯井到底有多深？

70. 准确称出木料重量

伐木工人砍下一根树木，大概有100千克。工人叔叔想称一下这根木料到底有多重，但是都没有那么大的秤，只有几把台秤，每个台秤只能称出30千克的重量。到底怎样称呢？有人说把木料锯断，但又实在可惜。但工人师傅还是想出了一个简单的办法，既没有锯断木头，又准确地称出了木料的重量。

请问：工人叔叔是怎样称的呢？

71. 巧妙排列杯子

小明把10只杯子摆放在桌子上，杯子都一个挨着一个排列着。

前面的 5 只杯子装满了水，后面的 5 只杯子空着。小明只想动其中的 2 只杯子，就能够使空杯和满杯间隔着排列。

请问：应该怎样做才能间隔着排列呢？

72. 猫妈妈买回的是什么

猫妈妈赶集回来，买回来一个精致的盒子。盒子里装着一样东西，小猫们都争着抢先打开看盒子里装的是什么东西。小花猫看了，兴奋地说："呀！妈妈买回来一只小花猫。"小黑猫见了，却说："不对，妈妈买回的是小黑猫。"小白猫连忙跑来看后说："你们都错了，这是一只小白猫。"

这些小猫说得对不对？猫妈妈买回来的到底是什么东西呢？

73. 男女同学多少个

有一次，明明到展览馆去参加画展。在这之前，他得知全校共有 120 名同学参加。但当他到了展览会上发现，在这些同学当中，任意两个同学中至少有一个是女同学。他感到真是奇怪，到底是学校有意的安排，还是巧合呢？明明说不清是什么原因。

请问：参加这次展览会的女同学和男同学各有多少名呢？

74. 汽车没有撞伤人

有一个老大爷，拄着一根拐杖，在漆黑的路上小心地行走。迎面来了一辆汽车，老大爷没有发现，也没有躲避，于是继续迎着车往前走。这天，恰恰没有星星和月亮，汽车也没有开灯，可是司机不但没有撞伤老大爷，还及时刹住了车。

请问：这到底是怎么回事呢？

75. 交回羊又交回钱

从前，有一个狡猾的财主。他向他的仆人交待说："明天你把1 000只羊赶到集市上去卖，晚上要把卖羊款和1 000只羊一只不少地交回来。"

这个仆人感到非常为难，如果要交卖羊款，就交不齐1 000只羊；如果要交齐1 000只羊，卖羊款从哪里来呢？但最后，他还是想出了一个办法。

第二天，仆人把1 000只羊全部赶到市场上去，在晚上的时候，他果真把1 000羊和卖羊款交给了财主，财主自然无话可说了。

请问：仆人想了一个什么办法呢？

76. 利用什么计时间

有一天中午，妈妈做饭，小雪在做作业。饭刚煮上，妈妈因有事就出去了，妈妈出门时吩咐小雪："过15分钟，饭就好了，注意关火。"可是家里的钟坏了，又没有表，小雪打开收音机、电视机，但都没有预报时间。这时，小雪想到了利用家电报时的好办法。饭煮好时，小雪按时关了火。

请问：小雪是怎么计时的？

77. 等汽车开过后

妈妈让亮亮去买盐，这是亮亮第一次独自上街办事。妈妈仔细叮嘱："过街时要细心看两边，要让汽车开走后，才慢慢地走过去，不要在街上乱跑。"

亮亮记住妈妈的话就上街去了。本来只需要5分钟的时间，亮亮却用了20多分钟还不见回来。

妈妈着急了，连忙出门去找。亮亮还站在马路边没过去呢！

请问：这到底是什么原因呢？

78. 两人乘小船

在一条荒无人烟的小河边，停着一只很小很小的船，这只小船只能承载一个人，要是稍微超重，就有可能沉没。有两个生意人，他们同时来到小河边，都要到对岸去做生意。这两个生意人都乘坐这只小船过了河，小船依然停靠在小河边。

请问：这两个生意人是怎么过河的？

79. 蜡烛难题怎么算

兔妈妈给小白兔出了一道难题：桌子上点有 9 根蜡烛，一会儿被风吹灭了 3 根，又过一会儿，又被风吹灭了 2 根，到最后还剩下几根蜡烛。

小白兔算了一下，跳着说真简单真简单，但兔妈妈说小白兔没算对。小白兔又抓起脑袋来，但怎么也没有算出来。

请问：最后还剩几根蜡烛呢？

80. 儿子与爸爸的分别

有一天，张老师正在办公室写数学论文，小灵突然敲门走了进来，说:"张老师,外面有两个人找您。"张老师一脸疑惑地问:"是谁找我呢?"小灵眨眨眼调皮地说,"一个是您儿子的爸爸,一个是您爸爸的儿子。"张老师一听笑了说:"你真会耍嘴皮子。"

请问:来的两个人是李老师的什么人呢?

81. 谁的儿子被摔伤

星期天,爸爸带着儿子去溜冰。溜冰真好玩,可是冰面很滑,儿子还不熟悉,重重地摔倒在坚硬的冰面上,把胳膊摔破了,爸爸只好把儿子送到医院。

看病的医生埋怨爸爸,不应该把医生的儿子摔得伤痕累累,爸爸一句话都说不出来,只好低头认错,医生才原谅了爸爸,赶忙给儿子医治。

请问:这到底是怎么一回事呢?

82. 小飞学轻功

小飞看武打片着了迷,他看到那些侠客会轻功,能跳上三四米高的墙。小飞就想学轻功跳墙,他准备到他家后院的围墙边去练习。他量了一下围墙,大概4米高。他想,自己功夫不高,大侠一下就跳上去了,他可以分4次跳,每次跳1米高,当功夫练好了,就会像大侠那样一下就跳上墙去。小飞信心百倍地向后院围墙跑去。

请问:小明要跳几次才能跳上围墙?

83. 一天黑几次

　　小晶晶望着太阳东升西落，总是感到非常好奇，就缠着老爷爷给他讲太阳为什么要升起和落下。老爷爷说："太阳升起一次和落下一次，天就亮一次黑一次，这就是一天。"小晶晶继续问，老爷爷："有没有一天里天黑两次的呢？"老爷爷想了想说："有！"小晶晶问："那是哪一天呢？"

　　你能替老爷爷回答小晶晶吗？

84. 为何锁不见了

　　小余和女朋友约好了晚上 8 点到星星电影院看电影。可是，小余临时有事，过了一会儿才来，等他骑车赶到电影院时，电影就要开始了，小余赶紧锁好防盗锁，拉着女朋友匆匆忙忙地进入电影院。

　　看完电影出来，小余找到了他的车子，车子还在，可是锁却不见了。这到底是什么原因呢？

85. 狮子和猎豹赛跑

　　在一片大森林里，住着狮子和猎豹。有一天，狮子和猎豹进行百米赛跑。在第一轮比赛时，狮子和猎豹从同一起跑线起跑，狮子跑到 100 米终点时，猎豹只跑到了 90 米。在第二轮比赛时，狮子从起点退后了 10 米才起跑。

请问：狮子和猎豹谁先到达终点呢？

86. 苹果树上的苹果

小叶家的院子里有一棵苹果树,苹果树上结了 20 个熟透的红苹果。这天晚上突然刮起了狂风，把树上的苹果吹落了一半。小叶的爸爸看到苹果都掉了，于是伸手把树上的苹果摘了一半，还有许多苹果结在树梢，小叶的爸爸根本摘不到。小叶想数一数树上还有多少个苹果，但太阳刺眼，她怎么也看不清。

请问：苹果树上还有多少个苹果呢？

87. 一盒粉笔有多重

霞霞想知道一盒粉笔有多重，但她面前只有一架无码的天平。霞霞想了想，她要用这架无码的天平称出一盒粉笔的重量。她在天平的一边秤盘里放一整盒粉笔，在另一边秤盘里放了 2/3 的粉笔和 30 克重的砝码，天平于是平衡了。霞霞就知道了一盒粉笔的重量了。

请问：一盒粉笔有多重？

88.巧算登山的平均速度

在一次夏令营中，同学们进行登山活动。在上山的时候，同学们每小时走 2 里路，登上山顶后，同学们再从原路返回地面。下山时每小时走 6 里路。到了山下的宿营地，班长问大家："我们登山时的平均速度是多少呢？"小杰很快回答道："上山 2 里，下山 6 里，平均 4 里。"

请问：小杰说得对吗？到底是多少呢？

89. 多少学生在赛跑

学校举行运动会，有几名学生报名参加了长跑比赛。比赛开始，学生们飞奔着向终点跑去。其中，小杰跑在两个同学的前面，小江跑在两个同学的中间，小文跑在两个同学的后面。几名学生风一样跑过，看不清是多少名学生在赛跑。请你计算一下，到底有多少人参赛呢？

90. 不花钱邮信

小马哈的叔叔在上海工作，他非常想念叔叔，于是他就给叔叔写了一封信，告诉了叔叔他期末考试的成绩。但他在写信封时太粗心大意了，把收信人和寄信人的地址写反了，结果信又寄回到了自己家中。小马哈却想了一个办法，他没有花一分钱，又把信投进了邮箱，结果叔叔收到了他的信。

请问：这是为什么呢？

91. 不是三角形的旗

有一位人，他对另一个人神秘地说："我家收藏有一面旗子，是三角形的，大概是清朝年间的青龙旗，很值钱的，我想便宜一点卖了。"这个人问他："你那块三角形旗有多大？"这个人说："我只记得这面旗子的三边长分别为 2.5 尺、2 尺、4.5 尺。"这人一听笑了笑说："你在骗我吧。"

请问：这人是怎么识破想卖旗子的人的？

92. 小花猫偷鱼吃

丁丁的妈妈在桌上放着一盘油炸的鱼，等着丁丁放学回来吃。丁丁的妈妈忙于上班，就把小花猫拴在桌子腿上，以防老鼠偷吃炸鱼。但同时也要防止小花猫偷吃炸鱼，所以丁丁的妈妈把绳子拴得很短，小花猫即使伸出两只前爪也抓不到炸鱼，总是差那么一点点距离。小花猫望着香喷喷的炸鱼，馋得呜呜直叫。丁丁的妈妈刚一走，小花猫就想了一个办法，偷吃到了炸鱼。

请问：小花猫想的什么办法偷吃炸鱼的？

93. 篮球比赛多少分

昨天，初三（2）班与（1）班进行篮球比赛，但是文文因参加乒乓球比赛没有看成篮球比赛。他问李红（2）班与（1）班两队的比分情况怎样。李红说："（2）班得分加上7分，就比（1）班多1分；（2）班和（1）班的总分是100分。"文文说："我知道比分了。"

请问：（2）班和（1）班篮球比赛各得了多少分？

94. 小店铺挂奇招牌

从前，有一个人在十字路口开了一个小店铺。为了揽生意，店主在铺前挂了一块很大的招牌，上面写道：

月挂半边天，嫦娥伴子眠，

酉时天下雨，读书不必言。

从挂出招牌那天起，店里客人来来往往，生意十分兴隆。

请问：这家小店经营的是什么生意？

95. 鹦鹉咳嗽不止

"咳咳咳……"几天来，鹦鹉不断咳嗽，吵得小猫睡不着。有一次有只老鼠刚爬出洞，小猫正想扑上去时，却被鹦鹉一声咳嗽吓回洞了。小猫非常气愤，就对鹦鹉说："鹦鹉小姐，你感冒了吗？""没有。"
"是不是支气管发炎呢？""不是。""那你为什么老是咳嗽呢？"鹦鹉
就回答了小猫，小猫却无话可说了。

请问：鹦鹉是怎样回答的呢？

96.小偷没有脚印

有一天晚上，海边的一幢别墅遇盗，小偷偷走了许多珍贵财物。
从现场来看，小偷是从打开的窗户逃走的，从窗户下面到海边沙滩，
小偷留下了清晰的脚印，但到了沙滩的中部脚印便突然消失了。

你知道小偷是怎么逃走的吗？

97.年轻猎人捕熊

有个年轻猎人向老猎人请教怎样才能捕到黑熊。老猎人说："我
打猎时，要是找到一个山洞，就闪在洞口旁，先向里面扔石头，再冲
着里面'呜呜'地喊，如果里面的回声也是'呜呜'，那里面一定有熊。
于是，我便对着洞里射击，这样才能捕到黑熊。"年轻猎人高兴地
走了。

没过几天，年轻猎人不但没有捕到黑熊，反在捕熊时受了重伤。

请问：这到底为什么呢？

98. 水中巧脱险

两个探险队员用软梯进入一个深谷。他们发现谷底有一个洞穴，于是就用木棒捅了捅洞穴，忽然大量泉水从洞穴涌出，不一会儿水位就到了腰部，并还在不断上涨。两个人都不会游泳，又没带潜水救生用具，只有立刻攀软梯出谷。但软梯只能负重 120 公斤，而他们两人的体重共 150 公斤。若两人同时攀梯，可能将软梯压断。若先后攀梯而上，但又来不及。但他们还是想出了一个办法脱了险。

请问：他们用的什么办法呢？

99. 摘什么果子

李爷爷看守着果园，孩子们在果园边转来转去，一个个馋得直流口水。李爷爷对孩子们说："我给你们写张纸条，你们猜到是什么果子，就可以进园子摘。"说着，李爷爷递了一张纸条给孩子们。纸条上写着：青果果，圆溜溜，咬一口，皱眉头；叶子绿油油，开花红彤彤，果子数不清，结果像灯笼；弯弯树上弯弯藤，藤上挂着水晶铃。孩子们你一言我一语，大家都猜中了。李爷爷只好叫孩子们自己去摘果子吃。

请问：李爷爷说的是一些什么果子呢？

100. 老师说什么

学校在操场边栽了排嫩绿的小树。幼儿园的男孩非常调皮，总是使劲地摇晃着小树。学校领导看见就去制止，但孩子们还是不听。

幼儿园的张老师看到孩子们摇小树，就走到树前，什么也不说，把耳朵紧紧贴在树干上，像是在倾听什么。几个孩子看见都感到非常好奇，就问张老师在听什么。张老师说了一句话，这些孩子就不再摇晃小树了。

请问：张老师说了句什么话呢？

101. 小猪分馒头

猪妈妈带着小黑黑去外婆家，她把几只大黑黑留在了家里，并在桌上给他们放了 16 个馒头，要他们饿了就平均分着吃。到了中午的时候，大黑黑们开始分吃馒头，但他们怎么也分不均匀，几只大黑黑小猪就吵了起来。到了晚上，猪妈妈带着小黑黑回来了。原来，猪妈妈连着小黑黑的馒头也放在了桌子上，小黑黑一下就平分了，每个小猪分得了 4 个馒头。

小朋友，你知道猪妈妈把几只大黑黑小猪留在家了吗？

102. 哈哈遇巧嘴

哈哈很喜欢逗人发笑。有一天，妈妈叫他去买菜，他提着篮子走进了一个肉店，一个屠夫问他买什么。他说："不要肥，不要瘦，不要骨头，不要肉。"店主被逗乐了，拿了一样东西给哈哈，哈哈感到很满意，就问多少钱。店主也想逗逗哈哈，就说："一二三，三二一，一二三四五六七，七加八，八加七，九分十分加十一。"哈哈计算了一下，便付了钱，店主也很满意，两人相视哈哈大笑。

小朋友，你知道哈哈买的什么东西吗？他付了多少钱呢？

103. 小猴吃核桃

花果山秋收了，为了分享胜利果实，孙悟空召集小猴子们分吃核桃。在分核桃前，孙悟空说："今天大家非常高兴，我就出一道吃核桃的问题。假如每5个猴子同时吃5个桃子要5分钟。问：50个猴子同时吃50个桃子一共要多少时间？答对了答的是什么数就奖励多少个，答错了的是什么数就罚多少个。"

孙悟空刚说完，一只小猕猴跳起来就答道："50分钟！"

小朋友，这个小猕猴答对了吗？

104. 波勃的船变没变

大力水手波勃的金手表掉进大海里面去了。他决定乘上他那艘带梯子的船去海里打捞。现在船已经行驶在大海上，梯子两级之间的距离是 1 尺，海水现在淹没的正好是最下面的两个阶梯，到了傍晚，涨潮了，每小时上升 1 尺，此时是傍晚 5 点，波勃有点担心了。波勃担心的是，到了晚上 8 点的时候，海水会不会进入船舱里。

你认为呢？海水会淹没几个阶梯级？

105. 盲人买到黑罐子

有一个盲人想买一个黑罐子。他拄着拐杖走了十几里山路才走到集市，他走得很不容易。有个好心人带他到陶瓷市场然后就走了。盲人问一个摊主："你这里有黑罐子卖吗？"那个摊主想难为他，说道："有，我这里有黑白两种罐子，要是你只用一次就摸对了黑罐子，我就送给你，怎么样？"

聪明的盲人一下子就摸对了黑罐子。那个摊主难过极了。

你知道盲人是怎么摸对的吗？

106. 岳飞写了什么字

南宋初年，金兵经常骚扰中原地区。有次金兵送来了一份战书给南宋皇帝，战书里面只写了4个字"天心取米"。金兵当着南宋文武百官的面说："如果谁能答复这4个字，我们可以考虑不发兵攻打南宋。"岳飞大喝一声："我来答复。"岳飞拿起笔在"天心取米"4个字上各添了一笔。金兵赶忙送回金国让金国皇帝看，金国皇帝一看就再也不敢提攻打南宋的事了。

你知道岳飞是怎样修改那4个字的吗？

107. 孙悟空和如来佛斗法

孙悟空总是忘不了如来佛把他压在五指山500年的旧仇。取完经后，孙悟空又要和如来佛斗法。如来佛说："我只要画一个圆圈就能打败你。"孙悟空不信。如来佛说："我画一个圆圈，如果你有本事跳出去，你就胜利，怎么样？"孙悟空答应了。如来佛圆圈一画完，孙悟空只得再次认输。

你知道这是怎么一回事吗？

108. 唐伯虎讽刺王爷

江南才子唐伯虎喜欢过自由自在的生活，他最瞧不起故作风雅的达官贵人。有一次，八王爷写了一篇文章要唐伯虎评论一番。唐伯虎一看文章写得非常不好，马上写了两句唐诗作为评论："两个黄鹂鸣翠柳，一行白鹭上青天"。那个八王爷以为称赞他的文章写得好，于是满朝廷炫耀。有个大学士一看评语，马上告诉他不是称赞他文章写得好，而是讽刺他。那个八王爷一看，仔细一推敲，果然是讽刺他。

你知道唐伯虎是如何讽刺八王爷的吗？

109. 苏武放羊

西汉中期，北方的匈奴经常侵犯西汉北部边疆。于是，汉武帝命令大臣苏武出使匈奴议和。匈奴单于不仅不跟汉朝议和，反而扣下了苏武，发配他到北海去放牧。北海牧场主出了一个题目考苏武。牧场主说："牧场的草让 *27* 只羊吃，可以吃 *6* 个星期；*23* 只羊吃，可吃 *9* 个星期。那么，*21* 只羊吃，可以吃几个星期？"苏武马上就算出来了。

你知道办武是怎么算的吗？

110. 包公追查马鞍案

有个卖马的人丢了一匹千里马，马主立即向包公报了案，包公立即查办这个案子。那个偷马的人得知是包公亲自办案，害怕了，就把千里马趁着夜色偷偷放回，但是扣下了那个金马鞍。马主仍然很着急。包公说："别担心，明天就帮你找回金马鞍。"果然，包公第二天就找回了金马鞍，并抓到了偷马的人。

你知道包公是怎么破案的吗？

111. 孔融装梨

孔融从果园里摘了很多梨，都堆放在地上，他正要一个一个捡回篮子里去，这时他的爷爷笑呵呵地来了。爷爷说："孔融你别忙着装梨，我考一考你，如果篮子里的梨每分钟加一倍，一小时后篮子就满了，那么放半篮梨需要多长时间？"

孔融一算就得出了正确答案。

你想到了没有？

112. 秦桧的卫兵

秦桧在自己的相府外设了两道防线。外围是一条从东到西的直线，里面是一道圆形防线，都长 3 108 丈。他每隔一丈派守一名卫兵，那么两道防线各要派守多少卫兵？

你知道吗？

113. 小孩考孔子的怪问题

大学问家孔子乘坐马车周游列国。有一次他来到一个小国，他以为这个国家没有学问高深的人，于是他没有在这个国家停下来做学问。刚走出城门的时候，有一个小孩拿着一根钓竿拦住了孔子。小孩要考孔子，孔子答应了。小孩问孔子："什么水没有鱼？什么火没有烟？什么树没有叶？什么花没有枝？"孔子说："江河湖海，什么水里都有鱼；不管柴草灯烛，什么火都有烟；至于植物，没有叶不能成树，没有枝难于开花。"

小孩笑孔子答错了，他说出了四物。

你猜到了吗？

114. 李白考杜甫三个字

唐代大诗人李白、杜甫又在酒楼里相会了。李白边喝边对杜甫说："我最近写了一百首诗，在写诗的过程中我发现有 3 个字十分有趣。"杜甫就问："有趣在什么地方？"李白说："站着是一个字，躺下是另一个字，趴下又是一个字。你猜这三个字是什么？"

杜甫是文字高手，他当然马上就猜出来了。

你猜出来了吗？

115. 放火烧房子

在一个十分酷热的夏日，小东东家的房子突然烧了起来。火烧起来的时候，小东东家里没有人。警察怀疑是有人故意纵火烧房。但警长韩东没有马上表态，他仔细检查了现场，发现窗边的桌子上有一只装满了水的玻璃瓶。警长韩东看了好一会儿，他终于发现了房子起火的原因。

你发现了吗？

116. 花果山和火焰山

火焰山的牛魔王老是想和花果山的孙悟空打一架，孙悟空也想教训牛魔王。于是他们约定在中秋节的时候一较高下。中秋节到了，牛魔王从火焰山出发，孙悟空从花果山出发。5 个小时后，他们相遇了。在这段时间里，牛魔王比孙悟空少走了 140 公里。孙悟空的行走速度是每小时 40 公里。孙悟空对牛魔王说："你知道花果山和火焰山隔着多少公里吗？回答出来了，我们就动手吧，答不出来的话，我就回去了。"

牛魔王回答不出来，孙悟空就回去了。

117. 这幅画怎么画

有一个书生靠卖画为生，每天他都在大街口为别人临场作画出售。有一个财主给了书生一张 50 厘米的白纸，却要求书生画一幅 1 米高的人物图像。书生想了想，马上就画出来了。财主不得不出高价买下了那幅画。

你知道书生是怎么画的吗？

118. 哪个得了铜牌

韩东、朱文和丁当三人之间举行了棒球、乒乓球、射击比赛。三个人每个人都得了一块金牌、银牌、铜牌。韩东是射击金牌得主，朱文是乒乓球银牌得主。

请问：棒球铜牌得主是谁？

119. 谁打碎了玻璃

韩东、朱文、丁当、于坚四个中学生在大院子里踢足球。有一个中学生一不小心把球踢到了二楼的牛叔家去了，打碎了牛叔家的玻璃。牛叔问他们四个人谁干的。韩东说是朱文干的，朱文说是于坚干的，丁当说于坚没干，于坚说朱文在撒谎。

他们四个人当中，有三个人说了假话。你知道是谁干的吗？

120. 米奇和米乐的比赛

老鼠米奇、米乐是兄弟，它们俩都喜欢赛跑。于是，它们就手拉着手来到了 100 米的赛场上举行比赛。平常米乐要比米奇提前 10 米到达终点，但是米奇是哥哥，它不服气。米乐就对米奇说："哥哥，我把我的起跑线向后移 10 米，我仍然能够胜过你。"米奇不信。

你信不信？

121. 猪八戒赶猪

猪八戒每年都要养一些猪献给玉皇大帝。从南天门到灵霄宝殿要经过 8 道大门，每经过一道大门守门的天兵都要将所赶的猪留下一半，再还一半给猪八戒。现在经过了 4 道大门，猪八戒只剩下两头猪了。

你知道猪八戒原来有多少头猪吗？

122. 唐伯虎画画

祝枝山想请好朋友唐伯虎画一幅画送给自己。唐伯虎给了祝枝山一卷画轴，祝枝山打开一看，生气地说："你画的是什么呢？"唐伯虎说："画的是牛正在吃草啊！"祝枝山问："草呢？"唐伯虎说："被牛吃光了。"祝枝山追问："牛呢？"唐伯虎说："找草吃去了！"祝枝山哭笑不得。

你知道唐伯虎画了些什么吗？

123. 神箭将军数老鹰

神箭将军一直想射几只老鹰。他外出打猎来到了一片树林，在一棵大树上他发现有 5 只老鹰停在树上。他正要拉弓射箭，这时飞走了 2 只，但马上又飞来了 1 只。可是神箭将军不管怎么数，树上都只有 3 只老鹰。

这是怎么一回事呢？

124. 朱文亏了没有

朱文的铅笔用完了，于是他向妈妈要了 1 元钱去买一支 0.75 元的铅笔，但是售货员只找了他 5 分钱。

你说朱文亏了没有？

125. 学习委员考试不及格

初三（1）班的学习委员丁当的数学成绩一直是班上第一名。第二天就是期中考试了，丁当把数学作业本复习得非常全面。虽然他如此用功，但是第二天考试还是没有及格。

你知道这是怎么一回事吗？

126. 母女买衣服

冬天来了，天气开始冷了起来，于是有人开始为自己添置衣服。两个母亲和两个女儿到街上买衣服，每人各买了一件。但是为什么合起来只有3件呢？

127. 随便一枪都打中

中学生韩东觉得射击很好玩，于是他到射击场去射击。靶子就放在他的前面，他站在一个固定的地方，他向左边随便开了一枪，又向右边随便开了一枪，都打中了靶子。

请问：你知道这是为什么吗？

128. 乒乓球躲到哪里

在一间房子里，有一个大铁球和一个乒乓球。大铁球又重又硬，乒乓球又轻又脆，大铁球总是瞧不起小小的乒乓球，心想乒乓球有什么资格与它并排在一起，于是寻找机会总想压碎乒乓球。大铁球轰轰地向乒乓球撞去，只听"砰"的一声，大铁球被撞出一个大青包。

请问：小小乒乓球躲到哪里去了呢？

129. 小白兔分萝卜

小灰兔和小黑兔同时在野地里发现了一棵又长又圆的大萝卜，两只小兔都想吃，但不知道怎样才能平均分吃大萝卜。小灰兔说把萝卜折成两截，小黑兔说吃细的那头要吃亏，不如把萝卜从中剖成两瓣，小灰兔却说很难保证切萝卜不偏不倚。两只小兔都不知道怎样分吃大萝卜。一只小白兔走来，说："这很好办，用一根细绳系住萝卜，再提着细绳，只要萝卜两头平衡，就沿着系绳处切断，两截的重量一定相等。"两只小兔想了想说："也分不均匀。"为什么？

130. 3 位同学用的力量

学校举行大扫除，小明、小能、娜娜分在一个小组扫操场。他们看见操场上有一块断成三角形的水泥地板砖，很容易把同学们绊倒，需要把破损的地板砖抬出操场。小明说："娜娜，你是女同学力气小，你抬最小的一个角，我与小能是男同学，力气大，我们抬两个大角。"

小明这样做照顾到了娜娜吗？为什么？

131. 老黄牛吃亏

老黄牛向山羊借了一升大豆，不久又借了一升芝麻，老黄牛对山羊说秋收后一起还。老黄牛秋收非常忙，把黄豆与芝麻装在了一起，用来还山羊。山羊说："黄牛大哥，你真是憨厚老实，这样还我，难道你不吃亏吗？"山羊为什么这样说呢？

132. 谁被雷击中

有两个农民在田里辛勤劳动，其中一个农民举着铁锄不断翻地，另一个农民在挑水浇菜。突然电闪雷鸣，哗哗地下起了阵雨，有一个农民被雷电击倒了。请问，到底是哪一个农民被雷电去中了呢？为什么？

133. 巧辨鸟窝主人

明明家门前有一株树，树上有一个很大的喜鹊窝。有一天，两只喜鹊在树上扑来扑去地又啄又打，相互争夺那个圆圆的鸟窝，喳喳地吵个不停。明明急了，但到底哪一只喜鹊是那个窝的主人呢？明明向树上投去一个小石子，他一下就知道谁是鸟窝的主人了。这是什么原因呢？

134. 字迹怎么消失了

亮亮的书桌上放着两盏台灯，一只是绿灯泡，一只是红灯泡。有一天放学回家，亮亮用绿铅笔在白纸上写道："弟弟，今晚 8 点到姥姥家来，我和妈妈在姥姥家等你。" 8 点过去了，亮亮的弟弟还是没有到姥姥家，亮亮只好回家去看弟弟。亮亮回家时，却看见弟弟坐在绿灯下看书，他按亮红灯问弟弟看见纸条了吗？弟弟拿起纸条却说："真奇怪，刚才纸条上没有字呀！"弟弟为什么看不见纸条上的字？

135. 龟兔 100 米赛跑

龟兔赛跑，小白兔因为骄傲自满，在半路上睡了大觉，结果让乌龟跑赢了。小白兔耍赖不认输，要与乌龟进行 100 米赛跑，乌龟只好同意了。小白兔果真一口气跑到了终点，乌龟比小白兔落后了 20 米。乌龟说："3 次定输赢，我们再比一次。"小白兔说："比就比，我让你 20 米远的地方，你在起跑线起跑。"随着小白兔和乌龟高喊"一齐跑"，它们都向终点跑去。

请问：这次谁先跑到终点？为什么？

136. 倒立水杯

爸爸端着水杯想逗逗小明。他对小明说："我可以把装满水的杯子口朝下拿在手里，不用瓶盖，水却一点都流不出来，你能不能这样做呢？"小明愣了一下，挠了挠脑袋，然后说："我完全可以。"小明抢过爸爸手中的水杯，顺手就把水杯倒立着了，不仅没有用瓶盖，而且还没用手拿杯子。爸爸笑哈哈地说："你真是聪明。"小明说："我不是聪明，我是小明。"引得爸爸和小明都哈哈大笑起来。

你知道小明是怎样倒立水杯的吗？

137. 怎样放糖盒

妈妈给小青买了一盒巧克力糖。有机玻璃的巧克力盒是扁圆形的，显得非常精致。在透明的盒子上，印有两只十分可爱的小白兔，小白兔咂着三瓣嘴，好像要跟小青说什么。小青想把糖盒放在桌子上做装饰品，但盒子是圆的，总要滚动，盒盖上的小白兔怎么都站不起来。小青最后想了一个办法，使盒子端端正正地立在桌子上了，并且小白兔还向小青撅嘴呢！

请问：小青是怎样将糖盒放正的？

138. 小狗宝宝哪里去了

晶晶的姥姥养了一只小狗，小狗生了几只狗宝宝。有只小狗宝宝生着金色的绒毛，显得十分可爱，晶晶非常喜欢，姥姥就把这只金色小狗送给了晶晶。

晶晶给小狗宝宝好吃的，给它洗澡，梳毛，还陪它一起玩。3个月过去了，晶晶感到非常快乐。一天，姥姥到晶晶家做客，一来就叫晶晶："快把小狗宝宝抱来我看看。"晶晶却说："小狗宝宝不见啦！"姥姥说："你在骗姥姥吧，小狗宝宝怎么会不见了呢？"

你猜晶晶是怎么回答姥姥的呢？

139. 货车开进城门

货车司机装着满满一车货物往城里运，当车开到城门时，由于货物装得比较高，货车难以顺利通过城门，货物顶住了城门顶部。虽然只顶住了一指宽，但货车还是开不进去，汽车司机准备把货物卸一些再往城里开。这时，小智刚好路过，看到司机非常为难，就为货车司机出了一个主意。货车司机不费吹灰之力，就把货车顺利地开过了城门。

请问：小智给司机出的是什么主意？

140. 又被抓住

一个正被公安局追捕的嫌疑人，逃窜到一家美容厅，威逼化妆师给他整容化妆，化妆师只好把这个人化妆成另一个人。嫌疑人对着镜子看着自己，觉得自己大变样了，从此再也没人知道他是罪犯了，他于是洋洋得意地在大街上走着，以为警察认不出他了。可是，他很快就被警察抓住了。这是什么原因呢？

141.司机"撞"入人群

在一条街道的十字路口,立着一块大牌子,牌子上明明写着,有步行者横过街道时,车辆就应停下来等待行人先走。有一个司机不遵守交通规则,当交叉路口还有很多人横过马路时,他却撞进了人群,而且全速前进,旁若无人。司机这样横冲直撞,被交通警察看见了,但警察并没有管。这到底为什么?

142.狼拿小山羊没办法

很多小朋友都知道狼和小山羊的故事。话说那只凶恶的狼寻找种种借口在小溪边吃掉了小山羊后,又向前走去,希望再找到一只小山羊吃。一只小山羊在溪水那边正要过河来,而狼正要过河去。河上只有一座独木桥。狼过桥时仿佛没看到小山羊,小山羊过桥时也一点不惊不慌地哼着小曲。狼和小山羊都顺利通过了小桥,到了对岸。为什么凶恶的狼没吃小山羊呢?小山羊为什么一点也不惊慌?

143.捎来的奇怪信

一位农妇的丈夫长期在外打工,她非常想念她的丈夫,但是又不会写信。她想了一个办法写了一封奇怪的信,托人捎给她的丈夫。

她丈夫拆开信一看，满页纸都画着排列整齐的乌龟，最后还画着一只竖着的大乌龟。当时她的丈夫很不理解，还以为老婆骂他是乌龟呢。过了几天，他才恍然大悟，卷起铺盖，回老家去了。这位农妇画着满纸的乌龟到底是什么意思？

144. 巧加标点

李元度曾是江南才子。有一个地主生了一个儿子，就请李元度作一副对联，以示庆祝喜得贵子。这个地主平时敲诈盘剥老百姓，很是可恶，李元度决定捉弄他，于是作了一副对联：今年真好晦气全无财富进门；昨夜生下妖魔不是好子好孙。地主一看，顿时大怒，当场就要教训李元度。李元度却说："你真是有眼无珠，这本是一幅吉联！"他只在对联上打了几个标点，地主一看心中大喜，赏了李元度好些银两，连说："好文才，好文才。"

你知道李元度是怎样加标点的吗？

145. 两人过独木桥

有一条小河哗哗地流着水，河上有座独木桥。从南边来了一个人推着独轮车子，上面装满了柴火；到北边去的一个人，挑着两捆苇子。两人走得都匆匆忙忙的，都要同时通过独木桥。可是两人在桥上并没有争吵，也没有推搡，就顺顺利利地过了桥。

请问：他们是怎么过的桥？

146. 谁说真话

4个孩子在院子中玩足球。有一个孩子使劲一脚把足球踢到了二层的阳台,打碎了吴叔叔的窗玻璃。吴叔叔走下楼问是谁干的。甲说是乙踢的,乙说是丁干的,丙说他没干,丁说乙在撒谎。他们4人中,只有一个人说了实话。那么,究竟是谁干的呢?吴叔叔拍了拍脑袋,指着一个孩子说:"一定是你干的。"吴叔叔指的是谁呢?

147. 小星被冲走

小星跟着爸爸到海边去游泳,突然一个大浪把小星冲了很远,爸爸在匆忙中向小星扔去一个缠着几圈绳子的救生圈。小星抓住了救生圈上的绳子,却被海浪冲走了。爸爸将小星救了上来,感到非常奇怪,救生圈上只有一根绕了几圈的绳子,小星抓住了绳子的两头,绳子没有断,救生圈没有破,小星为什么被冲走了呢?

148. 不给老人让座

小燕是班上的三好学生,经常扶老人过马路,在公共汽车上给老人让座等。有一次,小燕在车站等公共汽车,车来了,一位白发

96

苍苍的老人也准备上车，小燕赶紧走过去扶老人上车，但上车后，她没有给老人让座，却一下坐在了凳子上。小燕今天为什么没有让座呢？

149. 满足每人的吃喝

甲、乙、丙 3 人一起到快餐店吃饭，服务员问："各位要点什么呢？"

甲平时爱开玩笑，他给服务员出了道难题，他说："两个人喝可乐，两个人吃汉堡，不吃汉堡的不喝水，不喝水的也不喝可乐。"

服务员略一思索，便按要求将东西准确地放在了他们面前。甲、乙、丙 3 人各吃了什么，喝了什么？

150. 小铁嘴遇到顺口溜

"小铁嘴"到果店买水果，他听说有位售货员阿姨外号叫"顺口溜"，觉得非常有趣。"小铁嘴"决定试试"顺口溜"。他便说："我买四样东西，一个有肉无骨，一个有骨无肉，一个肉包骨头，一个骨头包肉。"

"顺口溜"阿姨笑着表示她已明白是些什么东西了，她又问"小铁嘴"每一样想买多少。

"小铁嘴"说："一两半，二两半，三两半，四两半，再加八两请你算。"

"顺口溜"一下就算出来了，如数称给了"小铁嘴"。"小铁嘴"感到"顺口溜"非常聪明，但不一定会说，就问她需要多少钱。

"顺口溜"说："一二三，三二一，一二三四五六七，七加八，八加七，加九加十加十一，还要乘以二点七。"

"小铁嘴"大开眼界，心算了一下如数给钱。两人相视笑了起来。

请问："小铁嘴"买了哪些果品，每样各买了多少，一共付了多少钱？

151. 刘、关、张爬枣树

相传刘备、张飞和关羽相见时，三人志同道合，决定结为兄弟，共谋大业。但是三人年龄都差不多，没办法决定排列顺序。张飞乘着酒兴指着一棵枣树说："干脆我们比赛爬枣树，最先爬到树顶的为大哥，爬到中间者为二哥，最后者为老弟。"刘备、关羽都同意了。

三人开始爬树。张飞性急，一下爬到了树顶，关羽爬到树中，刘备落在树后了。张飞满以为自己必当大哥，没想到刘备不同意，并说出了自己的观点，令张飞心服口服，结果刘备成了大哥。

请问：刘备说的是什么道理呢？

152. 地球照不到太阳

小星总是望着天空数星星，但他怎么也数不清，就常常要爸爸给他讲有关星星的问题。爸爸看见小星对天文知识很感兴趣，就带着小星去参观天文台。天文台的模拟宇宙和天文望远镜让小星增长了许多天文知识，但小星还是对神秘的宇宙似懂非懂，一心想搞清宇宙的秘密。小星问爸爸："地球表面哪边照不到太阳？"你猜小星的爸爸是怎样回答的呢？

153.鸟儿哪里去了

　　几只小鸟在树上飞来飞去，叽叽喳喳地叫个不停。有一个猎人向树上的小鸟"砰"地开了一枪。猎人跑到树下面，发现没有打中一只小鸟，但树上一只小鸟也没有了。

　　请问：树上的小鸟哪儿去了？

154.智救农夫

　　一位农夫挑着一担苹果到街上去卖，他挑得实在太累了，就到路边的一间破房里休息。小陈患有失语症，他看见农夫走进破房子，也跟着跑进去。小陈一下指着房顶，一下指着墙壁，农夫没有搭理他，急得小陈直跺脚。他想告诉农夫，这个房子非常危险，要赶快离开，但农夫不知道小陈说什么，还悠闲地坐在房子里。这时，外面吹起了大风，房子眼看就要倒塌了。小陈急了，他想了一个办法，然后跑出破房子，农夫也跟着跑了出去，接着，房子就倒塌了。小陈用的是什么办法呢？

155. 总共才 800 元

新春佳节，两位父亲为两个儿子发压岁钱。一位父亲给了儿子 800 元，另一位父亲给了儿子 300 元。后来，两个儿子数了数自己的钱，发现两人的钱加在一起总共才 800 元。这是什么原因呢？

156. 10 盆鲜花摆满屋

五年级乙班组织召开元旦庆祝会。文艺委员丽丽借来 10 盆盛开的鲜花，但老师说每面墙至少要放 3 盆鲜花，可丽丽再也找不到鲜花了。她想，四面墙如果都要放花的话，那么一共要放 12 盆花才行。这可把丽丽急坏了，幸好班上的文文想了一个办法才解决了问题。

你知道文文想的是什么办法吗？

157. 各有多少苹果

小能和小明手里都拿了一些苹果，假如小能把苹果送一个给小明的话，他们手里的苹果就一样多。假如小明反过来给小能一个苹果，那么小能的苹果恰好是小明的两倍。请仔细想一想，他们原来各有多少个苹果呢？

158. 招聘考试的奇怪题目

某公司要招聘两名财会人员。招聘广告贴出的第一天，就有30多人报名。招聘考试分初试和复试。在复试中，有很多人被淘汰了，唯有两名在答卷上写了"还没想过"和"不敢想"的人被录取了。

试问：这是为什么？

159. 智取王冠

古时候，有一位国王为了考大臣的智力，在皇宫中放了一块很大的地毯，地毯正中有一顶金光闪闪的王冠。国王宣布，谁能不踏上地毯就拿到王冠，就封谁为宰相，当然不准用任何工具，只能用手。

大臣都争先恐后地伸手去拿王冠，但怎么也够不着，许多人还摔倒在地毯上，出尽洋相。这时，有一个大臣，他没有踏着地毯，却走到了王冠跟前，双手抱着王冠。于是，这个大臣当上了宰相。

试问：这个大臣是怎么拿到王冠的？

160. 船上卸西瓜被摔碎

张叔叔装了满满一船西瓜，准备运到河对岸的城里去卖。张叔叔为了赶时间，船还没有靠岸，缆绳还没系，就开始卸西瓜。张叔叔站在船尾把一个西瓜扔给岸上的王叔叔，王叔叔伸手就接住了西瓜。当张叔叔扔第二个西瓜时，王叔叔伸手却没有接住西瓜，西瓜掉在石卵上摔得粉碎。难道王叔叔接西瓜的方法不正确吗？

161. 蚊子搞沉大型油轮

一艘大型油轮在太平洋上航行，当油轮航行到一个海湾时，大片黑压压的蚊子扑向油轮。甲板上的蚊子嗡嗡叫着，声音超过了油轮的轰鸣声。船员们千方百计驱赶这群蚊子，但都没有效果。最后，巨大的油轮被小小的蚊子搞沉了。

你知道这是什么原因吗？

162. 最佳答案

为了增强文物保护能力，法国做了一次民意调查，在一家报纸上出了一道题："假如最大的博物馆卢浮宫失火了，在危急情况下只能抢出一幅画，你会抢哪一幅呢？"

答卷有千百万份，法国著名剧作家贝尔纳的答案却被评为最佳答案。

你知道贝尔纳是怎样回答的吗？

163. 睡着和醒着

小晶晶与妈妈一起睡觉，他总是睡不着，缠着妈妈讲故事。妈妈说："每天晚上都讲故事，故事都讲完了，妈妈就给你出个思考题吧！"小晶晶点着头说："好好好，我就喜欢思考题。"妈妈说："你认真想一想，从你出生到现在，你睡着的次数和醒来的次数哪个多一些，多多少次？"小晶晶想着想着，就迷糊糊地睡着了。小朋友，请你替小晶晶回答一下这个问题吧。

164. 视障大爷提灯笼

黄丽的邻居是一位有视觉障碍的大爷，这个大爷有点奇怪，他经常晚上出去听戏，每次都很晚才回来，在回来时，每次都提着一盏灯笼。这位大爷是一位视觉障碍者，看不见道路，他提着灯笼有什么用呢？黄丽感到非常奇怪，哪知大爷的回答让黄丽佩服得五体投地，既有理又有趣。

你知道大爷是怎样回答的吗？

165. 喝到瓶中的酒

张叔叔有一瓶葡萄酒，当他想喝时，才发觉酒瓶是用软木塞塞紧了的，他想拔掉瓶塞，但捏不稳，又没有开封的瓶塞启子，要是把酒瓶打破，酒肯定会流出。他想在软木塞上开个孔，但又没有小刀。他想了很多办法，最后，他想到了一个非常简单的办法，轻而易举就喝到了酒。

请问：张叔叔想了一个什么样的简单办法？

166. 三根铁棒运过河

从前，有个耍杂技的大力士，他能够举起千斤的大铁棒。有一次，他扛着 3 根大铁棒来到河边，要到河对岸去。但河上只有一座小桥，小桥只能承受除一个人体重以外的 1 000 斤的重量，否则桥就要断。而这个大力士的 3 根铁棒每根就有 500 斤，桥根本承受不了 3 根铁棒的重量。只见大力士束了束腰，运了运气，施展他平时练就的技艺，顺利地将 3 根大铁棒从桥上一次性地运过了河。

请问：这位大力士是怎样从桥上一次将 3 根大铁棒运过河的？

167. 大地震

居住在北方的张大爷得知南方某地区发生了大地震，伤亡惨重。于是，张大爷就每天收听收音机，通过收音机了解受灾情况。就在收音机播放寻人启事之时，有人问他："张大爷，你孙子不是正好在南方灾区吗？播放他的消息了吗？"张大爷回答说："没有。"接着他又说："不过我知道我孙子平安无事。"

请问：他是怎么知道的？

168. 叫你起床的东西

一天，妈妈问毛毛："有一个东西浑身都是漂亮的羽毛，并且每天早晨都叫你起床，这个东西是什么？"毛毛笑了笑，马上就说出了答案。毛毛猜对了，但答案却不是鸡，那是什么呢？

169. 猫和老鼠

一只饿了很久的猫，按理说这个时候应该是饥不择食的，可是当她从一只老鼠身旁走过时，却无动于衷，继续走它的路，好像对这只老鼠的存在很不屑，这是为什么？

170. 搭电梯

有一个人住在十六楼，他每天出门必搭电梯到一楼，但回来时只搭到四楼然后再爬楼上去，为什么？

171. 很多牙齿

甲问乙："你知道什么东西有很多牙齿，并且最爱咬住人们的头发不松开吗？"乙沉默不语。你知道吗？

172. 雨衣

有一个人穿着一件全新的没破洞的雨衣，可是全身依然湿透了。这是为什么呢？

173. 几次才能渡完

古时候，有37个士兵被敌军追赶。他们来到河边，只要过了河就可逃生了，可是河里却只有一条船，而且每次船上只能乘坐5个人。至少需要几次才能将士兵渡至对岸呢？

174. 需进行多少次比赛

某国举行了一次足球淘汰赛，参加比赛的代表队一共有100个，要决出冠军队，至少需要进行多少次比赛？

175. 谁的照片

李四回家后看到桌子上放着一组照片，他拿起来仔细地看，却怎么也看不出照的是谁，为什么？

176. 谁说慌

甲说："乙在说谎。"

乙说："丁在说谎。"

丁说："甲和乙都在说谎。"

问：甲、乙、丁之中谁在说谎？谁说的是真话？

177. 吃巧克力

为什么很多黑人都不喜欢吃巧克力？为什么有的黑人只吃白巧克力？

178. 表扬

期中考试成绩下来了，亮亮的四门功课全是零分。老师不但没有批评他，反而要让其他同学像他学习，为什么？

179. 怎么也拉不开

有一个人被关在了一个黑暗的房间里，房间并没有上锁，可是这个人却怎么拉也拉不开,他使出了全身的力气还是无济于事,这是为什么呢?

180. 勤劳和懒惰的数字

在数字王国中,哪个数字是最勤劳的?哪个数字是最懒惰的?

181. 小鸡是谁的

小溪旁边的草地上有一群小鸡在活动,请问这是谁的小鸡?

182. 还有几条鱼

明明让妈妈给自己买了 10 条鱼放在鱼缸里养。过了些日子,有 2 条被过量的鱼食撑死了,还有 2 条病死了。

请问:鱼缸里还剩几条鱼?

183. 分豆子

将 100 颗绿豆和 100 颗黄豆混在一起又一分为二,需要几次才能使 A 堆中的黄豆和 B 堆中的绿豆数量相等呢?

184. 胖妞生病

胖妞生病住院期间，很多亲友都来看望她，她最怕别人说什么？

185. 生在哪年

丫丫是个漂亮可爱的小女孩，她的生日在 6 月 20 日，请问是哪一年的 6 月 20 日？

186. 细胞的分裂

科学家发现了一种奇特的生物活细胞，它 1 分钟可以分裂成 2 个，再过 1 分钟，可以分裂成 4 个。如此循环，把一个细胞放在实验瓶里直到充满为止，用了 1 个小时。如果一开始时，放入 2 个这种细胞，那么，这次充满瓶子大概需要多久？

187. 走路不穿鞋的脚

谁不论做什么，走也好，跑也好，吃饭也好，睡觉也好，总是赤着脚，一般一辈子都不会穿鞋？

188. 游泳圈内有什么

气球内有空气，水袋里有水，那游泳圈里有什么呢？

189. 目中无人

小凡是一个成绩优异的学生，在同学们的眼中，"高傲自满"这四个字从来都不能用在小凡身上。可是，是什么让小凡变得目中无人起来了呢？

190. 先掉下来的东西

有一架飞机正在空中飞行，还没到达目的地就发现没油了，这个时候什么东西会最先掉下来？

191. 永远吃不饱

这个世界上有样东西，人们都喜欢吃，但是最神奇的是不管人们再怎么吃，不停地吃却总也吃不饱。它是什么呢？

192.没人报火警

有个地方着火了，火势很凶猛，很多人都在救火，可就是没有一个人去拨打火警电话。为什么？

193.毛病最多

世界上的书如天上繁星，数不胜数，其中毛病最多的书是什么书？

194.四个神奇的"9"

四个9加起来等于100，为什么会如此神奇？

195.喝救命的水

你去沙漠旅行，事先准备的水喝光了，你口渴难忍，这时你看到一个瓶子，拿起来一看，里面还有多半瓶水。可是瓶口用软木塞塞住了，在不敲碎瓶子，不拔木塞，不准在塞子上钻孔的情况下，你怎样才能完整地喝到瓶子里的水呢？

196. 一句话

一只小蜈蚣出去和其他昆虫玩，没一会儿就沮丧着回了家，它一进家门就对爸爸说了一句话，爸爸听后即刻晕倒。

请问：小蜈蚣说了一句什么话？

197. 这个人是谁

这个问题是要你很快地回答出来的哦！那就是：你姑夫的小姨的堂妹的表哥的妈妈是你的什么人？

198. 比乌鸦还讨厌

乌鸦很讨人厌，可是还有一种东西比乌鸦更讨人厌，那是什么？

199. 奇怪的东西

有一个东西，是青年人的婴儿期，中年人的青年期，老年人的整个过去，它是什么？

200. 不眨眼

小李和普通人并无异，但是他可以连续十几个小时不让眼睛眨一下。

请问：小李是怎么做到的？

201. 坑里有多少土

一个 3 米长，4 米宽，5 米深的坑里有多少方土？

202. 过河

张三和李四同时来到了河边，他们两个都想要过河，可是他们发现河边只有一条小船，而且小船每次只能载 1 个人，两个人你看看我，我看看你，最后他们顺利地过了河。

请问：他们是怎么过去的？

203. 他是谁

有个人一年只上一天班，还总是乐呵呵的，完全不怕被"炒鱿鱼"，他是谁?

204.力大无穷的东西

有一种力量很大的东西,它可以载得动上万吨的庞大重物,可是却载不起一粒小小的沙子。你知道它是什么吗?

205.不相信的事

一个穷小伙与尊贵的公主相恋了,可是国王却百般不愿。当小伙子来求亲时,国王给穷小伙出了一道难题,想让他知难而退,他来到城墙上对着民众说:"小伙子,你要娶公主可以,但前提是,你得说出一件令我不相信的事,我就即刻为你们举行婚礼。"穷小伙对着所有人大声说了一句话,国王听了不得不答应这桩婚事。这个穷小伙说了一句什么话?

206.还是很冷

寒冷的冬天,大雪纷飞,杰克把暖气打开了,然后又关上了门窗,可是为什么他还是感到很冷?

207. 你会发现什么

有一天，牛顿在树下坐着，苹果掉下来砸到了他的头，他发现了地心引力。如果有一天，你在椰子树下坐着，椰子掉下来砸到你的头，你会发现什么？

208. 怎样才能吃到草

如果把一只老虎用 5 米长的铁链拴在木桩上，木桩离草原只有 6 米的距离，请问老虎怎样才能吃到草？

209. 船沉入海

有一艘很大的旅游舰艇，它可承载人数达 60 人，可是，只上了 59 个人，它就沉入海里了，这是为什么？首先声明，船内没有怀孕及体重过重的人存在，船上也没有装载重物。

210. 圣诞与袜子

五年后的圣诞节当天，圣诞老人第一个往袜子里放的东西会是什么？

211. 脚印去哪儿了

一对恋人在海滩游玩，他们一起晒了日光浴后又一同起身在海边漫步，可是他们身后走过的地方没有脚印。为什么？

212. 讨厌的线

有一个数学老师问学生："你们知道猩猩最讨厌的线是什么线吗？"学生都摇头说不知。那么，你知道吗？

213. 起外号

有一天，一只爱吹牛的老鼠对伙伴们说："知道吗？我昨天去和猫约会了。"同伴们对此给它起了个外号来嘲笑它，这个外号是一种食物的名字。你能想到它是什么吗？

214. 司机为什么这样做

小乐在乘公共汽车时发现了这样一个奇怪的情况：公共汽车到站后，第一个上去的是一位穿长裙的小姐，她投了 4 元，司机让她上车了；第二位是一个穿迷你裙的时尚少女，她只投了 2 元，司机就让她上车了；然后又上了一位小姐，她没给钱司机也照样让她上车了。这是为什么？

215. 没有舌头

有一个东西常会出现在人们的生活中，是人们重要的好伙伴，人们对它很熟悉，可是它虽然有嘴却没有舌头。这个东西是什么？

216. 这是什么水

你知道世界上取之不竭、用之不尽的水是什么水吗？

217. 由此想到的

红豆生南国，可是它的梦想却是到北方的国家看看走走，于是它决定离开生长的地方，谁知却被一条河给挡住了，它怎么也过不去。此时此景，会让人想到一种蔬菜，它是什么？

218. 什么关系

警察看到有一个民工带着一个小孩子在过马路，于是警察就问那位民工说："他是你的儿子吗？"民工回答说："是。"警察转而又去问那个小孩子："他是你的爸爸吗？"小孩子说："不是。"这是为什么？

219. 厉害的枪手

有一支射程只有 *50* 米的手枪，有个人竟然用这支枪射中了距他 *100* 米的目标，这是为什么呢？

220. 拿不到

什么东西只有左手可以拿到而右手却拿不到？

221. 清官

蚂蚁、蜜蜂和蜈蚣都是权高位尊的官员，年度清官评比中，有一人成功胜出。你知道这个以不贪钱而夺得清官称号的是哪一个吗？

222. 蚯蚓之死

一节生物实验课上，老师说把蚯蚓切成两半它仍然可以再生，于是有个学生就按老师所讲的去做了，结果蚯蚓死了，而且再也没有活过来。这是为什么？

223. 没有看见小猫

几个月前，小华的舅妈送给她一只小猫，这只小猫既没有死掉，也没有跑丢，为什么几个月后小华的舅妈再来时，却看不到小猫了呢？

224. 什么时候赴约

有一天，小明对小勇说："后天的大前天的后天，也就是昨天的昨天的大后天是我的生日，请务必来参加我的生日聚会。"请问小勇应该什么时候赴约呢？

225. 填上什么字

这里有两个句子：OO 是，OO 不是，OO 代表两个字，也可代表三个字，两句中的 OO 与之分别相等，如果要是使两个句子同时成立，那该填上什么字？

226. 买不到的书

请问在书店买不到的书是什么书？

227.先看到什么

在一个风雨交加，电闪雷明之际，为什么人们总是先看到闪电后听见雷声呢？

228. 一年中有 28 日的是哪几个月份

一年中，有些月份像一、三、五、七、八、十、十二月都有三十一日，但是也有一些月份只有三十天，比如说四、六等月份。那么，有二十八日的是哪个月呢？

229.他们是什么关系

有一个老妇人正在十分艰难地带着满车东西走上坡路，突然跑来两个人过来一前一后地帮她推车。于是老妇人便问前面帮她拉车的那个人说："后面推车的是你的儿子吗？"那人回答说"是的"。老妇人又忙问后面那个小孩说："前面帮忙的那个人是你的爸爸吧？"然而小孩却回答说："不是"。

请问：帮助老妇人推车的两个人到底是什么关系呢？

230. 纸上写的是什么

一天，某军区政治部接到一份文件，凡是看过此纸张上写过的内容都哑口无言，纷纷离去。那么，请问纸上到底写的是什么呢？

231. 模特的服装

有一位年轻的服装模特，即使不是在 T 型台上，平日里也穿着各式各样，且从未发布过的新款服饰，但是让人奇怪的是她每天都能看到和她穿着一模一样的人。这到底是为什么呢？

232. 健康的夫妇和残疾的孩子

有一对健康的夫妇，在此提醒的是他们可不是近亲结婚哦。婚后生一子，为什么会生出只有一个右耳朵的残疾孩子呢？

233. 为什么盆里还有一个馒头

一天中午，老师带留校的六个孩子去吃午餐，恰好盆里有六个馒头，于是六个小朋友每人拿了一个。为什么盆里还有一个？

234. 火车在什么地方

由安徽到河南如果坐火车的话需要 6 小时，那么在火车行使 3 小时后，火车应该在什么地方？

235. 孔子和孟子的区别

孔子与孟子两人都是儒家思想的杰出代表，到了孟子时代儒家思想得到了进一步的升华。那么孔子与孟子之间除了这方面的密切联系，他们之间有什么特殊的区别吗？

236. 逃跑的犯人

在一个监牢里同时关着两名囚犯，然而在一个风雨交加的夜晚犯人全都逃跑了，可就在第二天狱警打开监牢门时，却看到仍有一个犯人。这是为什么呢？

237. 绣花针的反应

一根生锈几乎一点光泽度都没有的绣花针，于在 7 月 7 日 7 时 7

分7秒,浩月当空之时,把它扔到云南饵海中,绣花针会发生什么反应?

238. 锤不破

从前,有一个铁匠看到家里的茅草屋在下雨时倒塌了,于是待雨过天晴后去修理它。谁知当他拿起铁锤钉木时,不小心手拿歪了,正好锤中旁边鸡窝中的鸡蛋。

请问:为什么锤中鸡蛋锤不破?

239. 影子

一天,张辉应邀在中午时去参加好友的婚礼,当时为什么半个人影子也没有看到?

240. 几个人

他们是爷俩、娘俩和兄妹俩,家里只剩下仅有的六个烧饼,但他们却每人分得两个,请问这是为什么?

241. 领奖

几天前,小谢买了一张体育彩票,中了一等奖,但是等他去领奖时人家却不给，这是为什么？

242. 分手

李先生在手术后，换了个人工心脏，等到他的病完全康复时，他的女朋友却向他提出了分手，为什么会这样呢？

243. 方法

有一天，小琳的妈妈问小琳要想把冰变成水，以什么样的方法才能达到效果，小琳马上回答出了妈妈的问题，妈妈高兴的不得了，说她真是个聪明的孩子。那么小琳用的是什么样的方法呢？

244. 奇数

有一屠宰场共有三十六只羊要杀，按要求是分七天杀，并且每天杀的羊数必须是奇数。请问每天要杀多少只羊才能在七天完成？

245. 猫抓老鼠

瞬间反应能力测试：有 5 只猫在 5 分钟内抓了 5 只老鼠，试问：

在 *100* 分钟内抓 *100* 只老鼠需要多少只猫？

246. 寄东西

身在远方的小海要把朋友的生日礼物寄去，这时他怕中途出现意外打破礼物。正好他有一个非常适合装此东西的箱子，上面还有配套的锁和钥匙，可是他的朋友并没有这把锁的钥匙，那么怎样才能把礼物安全寄到呢？

247. 多少分钟

在往篮子里放鸡蛋的整个过程中，假定篮子里的鸡蛋数目每分钟可增加 *1* 倍，这样的话，在 *12* 分钟后，篮子就被鸡蛋占满了。那么，请问在什么时候是半篮子鸡蛋？

248. 先点哪一样

在一间房子里，分别有三种含火器具：油灯、暖炉、壁炉。现在，想要将三个器具陆续点燃，只可惜手中只有一根火柴。请问首先应该点哪一样？

249. 眼镜蛇为何不咬人

有一条异常凶猛的大眼镜蛇，不论如何去激怒它，嘲讽它，它都不咬人。这是为什么？

250. 漂亮的孔雀

刘先生在自己的花园里养了一只十分漂亮的孔雀，有一天，他养的孔雀在花园里生了一只蛋。那么，请问这只蛋应该属于谁？

251. 把家里变干净

一个 300 多平米的豪宅里因为开了一个疯狂派对，家里被搞得又脏又乱，就像一个色彩斑斓的垃圾场。请问：怎样才能在最短时间内变干净？

252. 找闹钟

可可晚上睡觉前把闹钟调到了早晨六点，第二天早上五点多他就醒来了，可是他怎么也找不到闹钟塞到哪里去了，你能帮忙找到吗？

253. 什么时候高举双手

请问什么时候最好还是高高举起你的双手好些？

254. 刻一个字多少钱

小镇里刚来了一位刻字工匠，没多久，他的小店就开张了，店里的价格表是这样写的：刻"隶书"4角，刻"仿宋体"6角，刻"你的名章"8角，刻"你爱人的名章"1.2元。能告诉我他刻字的单价是多少吗？

255. 嘀嘀响的时钟

火车站广场上的时钟每天都在不停地转圈，默默地为人们服务。那它到什么时候会响13下呢？

256. 手心朝上

山上住着一个枯瘦老人，每天都到山上拔草吃，几乎每个见到他的人都会对着他自动把手心朝上。这是怎么回事？

257. 半个小时吃一颗

妈妈要出去买菜，怕毛毛在家乱折腾，于是就给了毛毛三颗最喜欢吃的巧克力，并告诉他，每半个小时只能吃一颗，毛毛是个听话的孩子，他照做了。

请问：毛毛吃完这三颗巧克力需要多长时间？

258. 只打中帽子的枪手

王强，不是一个神枪手，只不过是一个手持猎枪的猎人。另一个人把一顶帽子挂起来，然后将手持枪的王强的眼睛蒙上，然后让他向后走 *15* 步，再右转走 *15* 步，最后让他转身对帽子射击，结果他一枪打中了帽子。为什么呢？

259. 这个产品的名字很奇特

有个语文老师给丈夫用猪肝和熊胆作成的神奇肥皂起个了很棒的名字，丈夫听了很满意。你能猜到是什么吗？

260. 收到什么最高兴

看遍所有的情人卡、生日卡、大大小小的卡，他们在想到底要寄什么卡给自己最爱的女人，才能搏得她的欢心呢？

261. 一斤多少钱

有个古代书生来到现代的菜市场，他看到一斤番茄 8 角钱，一斤黄瓜 1 元钱，排骨没有具体标价，可是他已经知道了。他知道一斤多少钱？

262. 奇怪的小偷

古代有个出了名的神龙见首不见尾的神偷，人称"快手神"。奇怪的是整个镇上的有钱人家的金银珠宝偷得一干二净，唯独一家既无防盗设备，也无保全人员的财主家里安然无事。这是为什么呢？

263. 小张开的车

小张在开车时，一不留神撞在了电线杆上，发生了车祸，当警

129

察赶到时看到车上有一个已经去世的人,小张忙解释说这不关他的事,警察却相信了他的话。为什么?

264. 他要去哪里

有一个人头戴安全帽,上面还系着一把扇子,左手拿着电风扇,右手拿着水壶,脚穿溜冰鞋。请问:他要去哪里?

265. 不会转的东西

一个东西,从左边看它好像是电风扇,从右边看也像电风扇,虽然像电风扇,但就是不会转。这个东西究竟是什么?

266. 车祸现场

得到某地发生了一场车祸,现场血流成河的消息后,福尔摩斯赶快与警察局的人首先到达了现场。现场发现,只有一名司机在意识到危险后跳出车外,完全昏过去了并无皮肉伤,车内外血迹斑斑,却没有见到死者和伤者,从出事到现在,现场保存的很好。这是怎么回事?

267. 小偷跑了

一家大型百货商场的工作人员在监视器中发现了一个小偷，工作人员报警后警察立刻赶过来，并且加派人手封锁住所有出口，但小偷还是逃出去了。这是为什么？

268. 活在冰箱里的鹅

有一妇女，将一只鸡和一只鹅同时放进速冻冰箱层，当她第二天打开冰箱时，鸡死了而鹅却活着。这是为什么？

269. 不用燃料载你跑

世界上有一种东西，据人们所知，它可以以近 2 000 公里每小时的速度载着人奔驰，却不必加油或其它燃料。这是什么？

270. 主持仪式

无论如何牧师都不能参加主持的仪式是什么？

271. 算算他的年龄

假如你有一艘很大很豪华的游轮，船上一共有十五位船员和六十位乘客，此外还有近三百吨货物（包括乘客行李在内）。你能根据上面的提示，算出船主的年龄吗？

272. 侦探破案

一位鼎鼎有名的神探在一个命案现场整整呆了数个小时，却还是找不到任何线索和相关目击者，但他随即就宣布破案了。这是为什么？

273. 有趣的吵嘴

甲跟乙一起看球赛时吵了起来，两人由球赛吵到一些无关的事，甲说："你信不信，我可以咬到自己的右眼。"乙说："我才不信呢！"于是，甲把假的右眼拿下来放在嘴里咬了几下。甲又说："我还可以咬到自己的左眼。"乙想：他右眼都是假的了，左眼如果还是假的怎么能看见东西呢？于是他仍然坚定地说不信。结果，甲又赢了。

请问：他是怎么做到的？

274. 烟往哪个方向吹

有一辆电车以时速 80 直向北行驶，这时有时速 20 的东风，试问电车所排出的烟往哪个方向吹呢？

275. 同一问题，不同答案

张三问李四五次同一样的问题，李四回答了五个不同答案，而且每个都是对的。那么张三问的是什么呢？

276. 哪个月说话最少

王老太太整天喋喋不休，可他有一个月说话最少，是哪一个月？

277. 没有作弊

在一次考试中，一对同桌交了一模一样的考卷，但老师认为他们肯定没有作弊。这是为什么？

278. 尾巴朝哪个方向

有一头头朝北的牛，它向右原地转三圈，然后向后原地转三圈，接着再往右转，这时候它的尾巴朝哪？

279. 日期

制造日期与有效日期是同一天的产品是什么？

280. 刷牙

小王一边刷牙，一边悠闲地吹着口哨，他是怎么做到的？

281. 为什么没人让座

有一位老年人上了公交车后,车上却没有一个人让座,这是为什么？

282. 他是谁

有一个人，他是你父母生的，但他却不是你的兄弟姐妹，他是谁？

283. 哪一种蛇长

水蛇、蟒蛇、青竹蛇，哪一个比较长？

284. 睁一只眼闭一只眼

小王是一名优秀士兵，一天他在站岗值勤时，明明看到有敌人悄悄向他摸过来，为什么他却睁一只眼闭一只眼？

285. 马虎

小明总是马马虎虎，他同时写了十封信，装完信封他检查了一下，发现有一封信装错了，爸爸说他又马虎了，为什么？

286. 为什么去医院

冬冬的爸爸牙齿非常好，可是他经常去口腔医院，为什么？

287. 踩不破鸡蛋

我不会轻功,用一只脚搭在鸡蛋上,鸡蛋却不会破,这是为什么?

288. 吃出几只虫子感觉最恶心

吃苹果时,吃出一条虫子,感觉很恶心,那么吃出几只虫子感觉最恶心?

289. 大理石扔进钱塘江

有一块天然的黑色的大理石,在九月七号这一天,把它扔到钱塘江里会有什么现象发生?

290. 老虎打架

为什么两只老虎打架,非要拼个你死我活?

291. 多长时间把草吃完

有一只羊,一年吃了草地上一半的草,问它把草全部吃光需要多少年？

292. 喝饮料

满满一杯饮料，怎样才能喝到杯底的饮料？

293. 开错位置

杰克应该把游艇开到红海去，却到了黑海，为什么？

294. 不挂蚊帐的公主

美丽的公主结婚以后就不挂蚊帐了，为什么？

295. 共同点

每对夫妻在生活中都有一个绝对的共同点，那是什么？

296. 亚当和夏娃的遗憾

伊甸园里的亚当和夏娃结婚后最大的遗憾是什么？

297. 第一件事

早晨醒来，每个人都会去做的第一件事是什么？

298. 什么药不用买

有一种药你不用上药店买就能吃到，是什么药？

299. 买两本书

相同内容的书，为什么小高要同时买两本？

300. 五个头

什么东西有五个头，但人不觉得它怪呢？

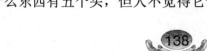

301. 四季开花

一年四季都盛开的花是什么花？

302. 不说请进

什么时候有人敲门，你绝不会说请进？

303. 怎样看见对方

有两个人，一个面朝南，一个面朝北的站立着，不准回头，不准走动，不准照镜子，问他们能否看到对方的脸？

304. 最怕听到哪一句话

如果你走在路上，有人向你问路，你最怕听到哪一句话？

305. 哪只鸡厉害

黑鸡厉害还是白鸡厉害？为什么？

306. 愿望

三更半夜回家才发现忘记带钥匙，家里又没有其他人在，这时你最大的愿望是什么？

307. 感觉

被鳄鱼咬和被鲨鱼咬的感觉有什么不同？

308. "后天"是什么

"先天"是指父母的遗传，那"后天"是什么？

309. 分橙子

9 个橙分给 13 个小朋友，怎么分才公平？

310. 铅笔放在哪里

放一支铅笔在地上，要使任何人都无法跨过，怎么做？

311. 什么瓜不能吃

冬瓜、黄瓜、西瓜、南瓜都能吃，什么瓜不能吃？

312. 宝宝脱帽

冬天，宝宝怕冷，到了屋里也不肯脱帽。可是他见了一个人乖乖地脱下帽，那人是谁？

313. 刮胡子

老王一天要刮四五十次脸，脸上却仍有胡子。这是什么原因？

314. 念错字

有一个字，人人见了都会念错。这是什么字？

315. 两个人不能一起做

你能做，我能做，大家都做；一个人能做，两个人不能一起做。这是做什么？

316. 看答案

小明知道试卷的答案，为什么还频频看同学的？

317. 司机没受伤

一位卡车司机撞倒一个骑摩托车的人，卡车司机受重伤，骑摩托车的人却没事，为什么？

318. 学课文

为什么小王从初一到初三就学了一篇课文？

319. 空肚子吃鸡蛋

一个人空肚子最多能吃几个鸡蛋？

320. 哥伦布的行动

当哥伦布一只脚迈上新大陆后，紧接着做什么？

321. 毛毛虫的要求

毛毛虫回到家，对爸爸说了一句话，爸爸当场晕倒，毛毛虫说了什么话？

322. 警察抓人

四个人在一间小屋里打麻将(没有其他人在看着)，这时警察来了，四个人都跑了。可是警察到了屋里又抓到一个人，为什么？

323. 不用功

小咪昨晚花了整整一个晚上在历史课本上，可第二天妈妈还是说她不用功，为什么？

324. 遭遇虎熊

有个人走独木桥，前面来了一只老虎，后面来了只熊，这个人是怎么过去的？

143

325. 三儿子叫什么

小明的妈妈有三个儿子，大儿子叫大明，二儿子叫二明，三儿子叫什么？

326. 飞行时间

一只候鸟从南方飞到北方要用一个小时，而从北方飞到南方则需两个半小时，为什么呢？

327. 什么关系

一个小孩和一个大人在漆黑的夜晚走路，小孩是大人的儿子，大人却不是小孩的父亲，请问为什么？

328. 跨不过书

一个人的前面放了一本又厚又宽的大书，他想跨过去可怎么也跨不过去，你知道这是什么原因吗？

144

329. 蓝兰张嘴

蓝兰并没生病，但她整个晚上嘴巴一张一合。

330. 金子放在屋外

铁放在屋外露天会生锈，那么金子呢？

331. 鸡蛋不破

拿鸡蛋扔石头，为什么鸡蛋没破？

332. 没有草莓

客人送来一篮草莓，贝贝吵着要吃草莓。可妈妈偏说家里没有草莓，为什么。

333. 打猎

两对父子去打猎，他们每人打了一只野鸭，但是总共却只有3只，为什么？

334. 什么东西有三色

什么东西没吃的时候是绿的，吃的时候是红的，吐出来是黑色的？

335. 太阳与人

为什么太阳天天都比人起的早？

336. 狼不吃羊

一只狼钻进羊圈想吃羊，可是它为啥没吃又出来了？

337. 几群羊

山坡上有一群羊，又来了一群羊。一共有几群羊？

338. 第一步干什么

想把梦变成现实，第一步应该干什么？

339. 小波比离不开绳子

小波比的一举一动都离不开绳子，为什么？

340. 哪只狗出汗多

两只狗赛跑，甲狗跑得快，乙狗跑得慢，跑到终点时，哪只狗出汗多？

341. 什么动物

有种动物，大小像只猫，长相又像虎，这是什么动物？

342. 猴子掰玉米

猴子每分钟能掰一个玉米，在果园里，一只猴子5分钟能掰几个玉米？

343. 比天更高的东西

世上什么东西比天更高？

344. 保险的东西

什么贵重的东西最容易不翼而飞？

345. 坐在哪里

小明对小华说："我可以坐在一个你永远也坐不到的地方！"他坐在哪里？

346. 谁能分辨双胞胎

不管长得多像的双胞胎，都会有人分得出来，这人是谁？

347. 先看什么

明明是个近视眼，也是个出名的馋小子。在他面前放一堆书，书后放一个苹果，你说他会先看什么？

348. 最大的影子

迄今为止，你所见到的最大的影子是什么？

349. 不怕跌落

为什么有人从几千米高直接跌落到千米左右却面不改色心不跳？

350. 淹没软梯的时间

船边挂着软梯，离海面 2 米，海水每小时上涨半米，几个小时海水能淹没软梯？

351. 不是双胞胎

模样相同的哥俩同时应征入伍，他们有血缘关系且出生日期及父母的名字完全相同。连长问他俩是不是双胞胎，他们说不是。请问这是为什么？

352. 发财的个体户

当今社会，发财的个体户大都靠什么吃饭？

353. 暗地里使用

什么东西要藏起来暗地里用，用完之后再暗地里交给别人？

354. 小李挨骂

小李喝酒撞伤了脸，回家怕太太知道会责备，去洗手间对着镜子贴上创可贴，可第二天还是被太太骂了一顿，为什么？

355. 金太太吞吞吐吐

金太太一向心直口快，可什么事竟让她突然变得吞吞吐吐了呢？

356. 与孔子有关的日子

9 月 28 日是孔子诞辰，那么 10 月 28 日是什么日子？

357. 同学不在教室里

上课铃声响了，却没有一个同学在教室里，怎么回事？

358. 老师夸玲玲

玲玲没学过算术，老师却夸她的数学是数一数二的，为什么？

359. 听不懂

大明的英语非常好，可是有些外国人却听不懂，为什么？

360. 擦桌子

老王擦桌子，擦了半天仍觉得脏，为什么？

361. 鲜花与纸花

两瓶花中，一瓶是鲜花，一瓶是纸花，请说出哪一瓶是鲜花？

362. 王府井的人

北京王府井步行街上来往最多的是什么人？

363. 狗不会生跳蚤

老詹养了一只狗，并且从来不帮狗洗澡，为什么狗不会生跳蚤呢？

364. 老人的病

老人病了到医院去做检查，结果医生告诉他说要看开一点。请问他得了什么病？

365. 买蛋

蛋要怎么买，才不会买到里面已经孵出了小鸡的蛋？

366. 钱存不起来

年年有余，为什么钱还是存不起来？

367. 猜四字成语

一条狗过了木桥之后就不叫了。

368. 什么摸不到吓人

什么东西看不到却可以摸到，万一摸不到会把人吓到？

369. 电灯不亮

左看像电灯，右看也像电灯，和电灯没什么两样。但它就是不会亮，这是啥东西呢？

370. 老虎怎样吃草

一只被 10 公尺绳子栓住的老虎，要如何吃到 20 公尺外的草？

371. 李逵叫宋江

一人把李逵请来说："李逵，你把宋江叫来！"（打一成语）

372. 什么东西打扫不干净

什么地方天天打扫却还是一片漆黑？

373. 仙女下凡

天上有七个仙女，老四、老五、老六、老七都下凡了（打一电影名）。

374. 纸飞机的造价

一架纸飞机的造价为什么是一万人民币？

375. 猴子摘菠萝

猴子摘菠萝的速度为一分钟摘五个。一日猴子看见世界上最高的树上长着无数菠萝，它便去摘。问它能摘到几个菠萝？

376. 扫地

一个清洁工如何在几小时之内从上海扫到北京？

377. 病人的情况

家属问医生病人的情况，医生只举起 5 个手指，家属就哭了，是什么原因呢？

378. 老虎追人

一个人被老虎穷追不舍，突然前面有一条大河，他不会游泳，但他却过去了，为什么？

379. 冠军的克星

世界拳击冠军却很容易被什么击倒？

380. 病人的遗言

换心手术失败，医生问病人有什么遗言要交代。你猜他会说什么？

381. 喝酒

男人在一起喝酒，为什么非划拳不可？

382. 医院不收病人

市里新开了一家医院，设备先进，服务周到。但令人奇怪的是，这里竟一位病人都不收，这是为啥？

383. 什么蛋

什么蛋打不烂，煮不熟，更不能吃？

384. 进动物园

进动物园看到的第一个动物是什么？

385. 出国

小王与父母头一次出国旅行，由于语言不通，他的父母显得有些不知所措，小王也不懂外语，他也不是聋哑人，却像在自己家里一样未曾感到丝毫不便，这是为什么？

386. 没有眼睛的婴儿

一对健康的夫妇，为什么会生出没有眼睛的婴儿？

387. 闹钟坏了

六岁的小明总是喜欢把家里的闹钟整坏，妈妈为什么总是让不会修理钟表的爸爸代为修理？

388. 听不见

公共汽车上，两个人正在激烈地交谈，可围观的人却一句话也听不到，这是因为什么？

389. 为什么敢跳

有人经常从十米高的地方不带任何安全装置跳下，为什么？

390. 为何没事

一辆客车发生了事故，所有的人都受伤了，为什么小明却没事？

391. 鸡鹅赛跑

鸡鹅百米赛跑，鸡比鹅跑得快，为什么却后到终点站？

392. 谁先落地

一只皮球和一个铁球从高楼上掉下来，谁先落地？

393. 谁忙得团团转

什么人的工作整天忙得团团转？

394. 眉毛长到眼睛下面

用什么办法能使眉毛长在眼睛下面？

395. 不乘电梯

有一位老大爷，住十二楼，可为什么他从不乘电梯？

396. 小洋的功课

小洋的成绩一直在班上是第一，为什么这次却降到第三？

397. 微笑

什么样的官不能发号施令，还得老向别人微笑？

398. 警察与小偷

一名警察见了小偷拔腿就跑，为什么？

399. 口臭

小明天天吃口香糖，可别人还说他口臭，为什么？

400. 眼镜

小明的眼睛近视度很高，但是戴了眼镜却仍然模糊，为什么？

401. 大牛不吃草

小呆骑在大牛身上，为什么大牛不吃草？

402. 晕车

不晕车的最好办法是什么？

403. 小明当"爸爸"

小明才 4 岁，却已当了"爸爸"了，可能吗？

404. 树上的鸟

树上站了 8 只鸟，开枪打死了一只，还剩几只鸟？

405. 先打开什么

有个人饿了，而冰箱里有鸡罐、鱼罐、猪肉等罐头，他先打开什么？

附：答案

1. 第一个朋友在晚上11点57分左右打电话问足球比赛的结果是怎样。过了1个小时左右，进入新的一天，另一个朋友又打电话过来问同样的问题。当然，此题的答案可以有很多种，这也只是其中的一种而已。

2. 小红

3. 小涛买了书包；小宇买了篮球；小闯买了英语词典。

4. 日的弟弟是D；月的弟弟是B；水的弟弟是A；火的弟弟是C。由题知三人中，只有D的哥哥说的是真话，可推出月说的是假话。再根据月的话，可知水也不可能是D的哥哥，所以水的话也是假的。继而推出，日一定是D的哥哥，日说的是实话，即月的弟弟是B，水的弟弟是A。

5. A

6. 甲、乙、戊、庚为男性，丁、丙、己为女性。

7. C是玲玲真正的朋友。要解答这道题需要按顺序来思考，首先假设答案是G、C或L，再依据"只有四个人说实话"这个条件，分别剔除不合适的人选。

8. 有两个天使。分析如下：假设A是天使，那么A说的是真的。在B和C之间至少有一个是天使。那么B说的话有两种可能性。一种B的确也是天使，也就是说B说的也是真话，这样只能说明C是魔鬼。第二种情况是，B是魔鬼，所以B说的是假话，也就是说A和C之间至少有一个天使，而在假设A是天使前提的下通过A的话我们可以断定 C 一定是天使。所以从以上的假设和可能出现的两种情况可以推断出 A、B、C 中一定有两位天使。

9. 他们的顺序是 E、C、F、D、A、B。

10. 他们至少需要往返 *11* 次。

11. 史密斯先生在打电话的时候做了手脚。在通话的过程中，他一讲到无关紧要的话，就用手掌心捂紧话筒，这样对方就听不到他在讲什么了，而讲到关键时刻时，他就松开手，这样，他的妻子就听到了这么一段"间歇式"的情报电话："我是史密斯……现在……皇冠大酒店……和坏人……在一起……请您……快……赶到……"

12. "鸡尾酒"先生所收到的礼品是"威士忌"先生送的；"茅台"先生送给"白兰地"先生的是鸡尾酒；"白兰地"先生送给"威士忌"先生的是伏特加酒；"威士忌"先生送给"鸡尾酒"先生的是茅台酒；"鸡尾酒"先生送给"伏特加"先生的是白兰地酒；"伏特加"先生送给"茅台"先生威士忌酒。

13. 这个胜算很大。其实我们可以假设一下，如果朝上的是"√"，那么向下的是"√"或"×"的机会并不是一半一半。这是因为，朝下的是"√"的机会有两个：一个是第一张牌的正面朝上时；另一个是第一张牌的反面朝上时，而朝下的是"×"时，只有当第二张牌正面朝上的时候才会发生，所以，回答朝上那面的图案，他的机会是2/3。

14. 小明属于 B 家庭。根据以上条件推断可知：

A 家庭的年龄组合为：*8、10、11、12*；

B 家庭的年龄组合为：*5、13、2、3*；

C 家庭的年龄组合为：*1、4、7、9*；

15.

A. 可组成的密码文字的总数是 *1*。自已知条件 *2、4、5* 可知，三个字母中 A 和 C 两个字母在这样的条件下是用不上的。因此只有 B 一个字母可用，再根据已知条件 *3*，可得知这样的密码文字只有 BB 一种。

B. 正确答案为 *d*。*d* 组中的密码文字明显违反已知条件 *4*，但只要将 C 与前三个字母 DAB 任一位置交换即可变成一个完全符合条件的密码文字。

16.

解题步骤一：建立表格，位置很重要

	左	中	右
姓			
衣			
吃			
喝			
养			

解题步骤二：简单的逻辑判断，数据为过程

	左		中		右
姓		1 赵	6 钱		
衣	7 黄	3 蓝	6 红	4 绿	4 白
吃	7 柳丁				
喝			2 牛奶	5 咖啡	
养		8 鱼			

相对应的题意：

钱小姐穿红色的衣服 6

164

翁小姐养了一只狗 12

陈小姐喝茶 9

穿绿衣服的站在穿白衣服的左边 4

穿绿衣服的小姐喝咖啡 5

吃西瓜的小姐养鸟 13

穿黄衣服的小姐吃柳丁 7

站在中间的小姐喝牛奶 2

赵小姐站在最左边 1

吃橘子的小姐站在养猫的小姐隔壁 14

养鱼的小姐隔壁吃柳丁 8

吃苹果的小姐喝香槟 10

江小姐吃香蕉 11

赵小姐站在穿蓝衣服的小姐隔壁 3

只喝开水的小姐站在吃橘子的小姐隔壁 15

解题步骤三：9 为假定，15 为验证

	左		中		右
姓	1 赵	9 陈	6 钱	12 江	12 翁
衣	7 黄	3 蓝	6 红	4 绿	4 白
吃	7 柳丁	14 橘子	13 西瓜	11 香蕉	10 苹果
喝	15 开水	9 茶	2 牛奶	5 咖啡	10 香槟
养	14 猫	8 鱼	13 鸟		12 狗

17. 船在大风中航行，自然颠簸得厉害，而那名自称是杂技演员的人却能写出整齐的字迹，可见他是在说谎。

18. 答案是 D 吉米不是英国人。穿西装的不一定就是美国人，不过可以肯定的是吉米不是英国人。

19. 这里因为姐姐是在2001年1月1日出生在一艘由西向东将过日界线的客轮上；而妹妹则是在客轮过了日界线之后才出生的，那时的时间还是处在2000年12月31日。所以，如果按照出生的日期来讲的话，妹妹要比姐姐早一天出生。

20. 小李才是张先生的未婚妻。因为根据条件可知，小孙和小赵的年龄档一定有三人，那么她们都是二十多岁。剩下的小钱和小李就是三十多岁。同理又可推出小钱、小周都是秘书，小赵是教师，但她年龄不符。所以，结果是小李。

21. 尼可的妹妹是那位神秘外甥的妈妈。

22. 第一排：花花、球球、咪咪。

第二排：蓝蓝、黑黑、忽忽。

23. F和E不可能是兄弟姐妹的关系。根据我们已经知道的条件，认真分析题意，即可得出正确答案。

24. 简的妻子为了保住遗产，所以故意拿了没有墨汁的钢笔给了简，而简和库尔因为眼睛看不到，所以最终把没有字的白纸保存了下来。然而，虽然白纸上没有字，但却留下了钢笔画过的痕迹。如果仔细鉴定的话，还是可以分辨出来的，所以，遗嘱依然有效。

25. 张三是54岁；李四是45岁；王二是4岁半。

26. 副司机姓张。根据1、2、3、5、6这五个条件可以推断出副司机姓张；根据第4个条件可以推断出司机姓陈，那么，孙就是司炉的姓氏了。

27. 只有在张一打开自己的锁，张二也打开自己的锁，而且张三也打开自己的锁的时候，橱门才会被打开。这实际上是联言判断逻辑原理的应用。用逻辑语言来表达，即只有当张一、张二、张三各自打开自己的锁，分别为真时，"橱门打开"才为真；只要其中有一个为假，即"李一打开自己的锁"为假，或"李二打开自己的锁"为假，或"李三打开自己的锁"为假，那么"橱门打开"也就为假，即橱门不会被打开。

28. 今天是星期日。

29. 欧底姆斯所采用的基本手法，就是玩弄语词把戏，以混淆是非。概念是通过语词表达出来的，但二者又存在着区别，即不同的语词可以表达同一个概念，而同一个语词也可以表达不同的概念。然而，在日常生活中，常有人故意利用这种联系和区别，加以割裂或夸大，那就势必会造成语词或概念的混淆。而欧底姆斯利用语词的不确定性，混淆同一语词所具有的各种不同含义进行诡辩，所以让这位青年甘心拜他为师。

30. 小白兔估计错了。因为有 1 封信装错，必然导致其余 3 封信中至少有 1 封不能对应，这与小白兔的估计是不符合的。

31. 分别称一下重量，最重的面积最大，最轻的面积最小。

32. 圣诞老人自己的脚。

33. 因为冷油泼在热油上，只会降温熄火，所以张太太是在撒谎。

34. 因为老板把 A 礼盒摆在所有礼盒的中间了。

35. 4 个就可配到相同颜色的乒乓球，3 个就不行了，因为还有一次机会，就是摸出 3 个不同颜色的乒乓球。

36. 一个柚子等于 5 个苹果的重量。

37. 它们买的贺卡一样贵，都是 6 角钱 1 张。

38. 娟娟说："根据这两种车的时间特点，碰上哪种车就坐哪种车，反正票价都相同，乘哪种车都一样。"

39. 小熊说得对。袜子本身有袜口，把袜口算进去，正好 12 个洞。

40. 蜻蜓组拥有成员 7 名；蜘蛛组拥有成员 5 名；蜜蜂组拥有成员 6 名。

41. 第一次去掉的是"此地"，第二次去掉的是"西瓜"，第三次去掉的是"出"，最后只下了一个"卖"字。

42. 5 个。因为老师问的是有折痕的四边形。

43. 佳佳说："把几块蛋糕排放在我与平面镜之间，蛋糕与我一起照镜子的时候，我与蛋糕靠得越近，蛋糕反而越小。"

44. 东东说得对。因为丹丹用大象帮忙，大象太重，会把木制的跷跷板压断，丹丹根本就弹不起来。

45. 一个人把木板向河对岸伸出 5 尺左右，自己压住留在岸上的这一头。对岸的人就把他那边的木板搭在伸过来的木板上，从上面走过来。然后，他再替换着压住这岸的木板，这岸边的人就可以从木板上走过去了。

46. 农民先把黄豆倒进商人的布袋，用绳子捆紧后，又把商人的布袋朝里翻过来，再倒进大米。最后，从里面解开绳子，把黄豆倒回自己的布袋里。这样，商人布袋里剩下的就是大米了。

47. 先拿 6 个球分放在天平的两端，如果左右相等，那么轻的球一定在其余的两个球中，于是把其余的两个球放在天平上称一下就知道了。

如果第一次称的时候，天平一面高一面低，就表示轻的球在高的一端。再从有轻球的 3 个中，拿出两个在天平上称一下。如果重量相等，轻球就是剩下那一个；如果重量不等，那就能找出轻球来。

48. 小莉和小梅听的是轻音乐，而正是妈妈说的"轻一点儿"的音乐。

49. 小红写的是：星期日，天下雨，未赛，欲知详情，请听赛后分解。

50. 强强家在城市的西边。因为中午 12 点，太阳正好照在强强家的门窗上，可见门朝南开。他从家里面出来，面孔一定是朝南的，向右拐个弯就朝西了。走到街角上，他又向右拐了个弯，这样就朝北了，以后便走上铁路上空的天桥，就是沿着桥从南往北走。沿着在桥右面（朝东）的楼梯下桥后，他再一次向右拐了个弯（朝南），就搭上火车向右（朝西）——城市的方向驶去。所以，强强家在城市西边。

51. 男生 2 人，女生 3 人。

52. 如果他把米平均放到两个筐里，小猴就坐不成筐了。

53. 3 个长工把树木摆放成三角形。

54. 先用 3 根橡皮筋每根捆 3 支铅笔，最后一根橡皮筋把这 3 捆铅笔捆在一起。

55. 在一根线的一端拴一个螺母，用手把线的另一端轻轻捏靠在侧立的破碟子的上边，让线自然下垂，画下线所在的位置，然后换个位置再做一次，两线交叉的地方就是破碟子的重心。

56. 因为原文约上没有标点，后来断案时为："无鸡，鸭也可；无鱼，肉也可；唯青菜豆腐不可，少不得学费。"

57. 这是有可能的。晶晶和亮亮是夫妇，亮亮是孩子的爸爸。

58. 小凤与小兰都是 6 岁，谁出生得早谁就大些。

59. 他们是星期六去的。"口"为"周"末；带的是点儿，"口"为"点"字的中心。

60. 把绳子的一端拴在湖边的树干上，拿着另一端绕湖一圈回到原地，也拴在树干上，就可以安全地进入湖心小岛了。

61. 自称是听觉障碍的人拿走了钱包。乘警说："你们可以走了。"那人转身就走了，证明他在假装残疾人。

62. 小孩写的是"囚"字。

63.把两只桶放在水中，向空桶内倒油，当两只桶浮在水面的高度相等时，油就平分了。

64.熊熊将线绳放在冰上，然后捧了几捧雪压贴在冰上，把雪弄化后，雪水凝结成了冰块，线绳也与冰凝结在了一起，也就能提起冰块了。

65.明明拿着气球的进气口，把气球的下半部塞进敞口瓶内，向气球里面吹气，看到气球的一半膨胀得碰到瓶里的内壁时就停止。这时，如果再往气球里吹几口气，就可以拿起气球，连同敞口瓶一同吊起来了。

66.张太太的管家把戒指偷来藏在了包子里，再把包子扔给了小狗，希望让小狗带出戒指。

67.胖胖和肥肥先过河，胖胖或者肥肥返回；黑熊独自划船过河，胖胖或者肥肥返回；然后，胖胖和肥肥一起划船过河。

68.地球是所有生物共有的，它不属于任何生物单独所有。

69.这口枯井有7尺深。

70.把若干台秤摆成一条直线，把木头横放在这些台秤上，然后将这些台秤上的数字相加，就是木头的重量了。

71.先拿起第二只杯子，把水倒进第七只杯里，再拿起第四只杯子，将水倒进第九只杯子子。

72.这些小猫说得都不对。猫妈妈买回的是一面用盒子装的镜子。

73.共有119名女同学和1名男同学参加这次展览会。

74.这是在白天。

75.仆人将羊毛剪下卖掉，将售出的钱连同1 000只羊一并交给了财主。

76.小雪是利用洗衣机的计时器计时的。

77.妈妈教亮亮，要等汽车开过去后再过马路，而此时街上并无一辆车开过，所以亮亮只好等在那里。

78.两人分别处在河两岸，一个渡过去，另一个渡回来。

79.最后还剩下5根蜡烛，因为其余4根都燃完了。

80.一个是张老师的丈夫，一个是她的哥哥或弟弟。

81.医生是这个孩子的妈妈。

82.他永远也跳不上墙。

83.那就是发生日全食的那一天。

84.因为小余在慌忙中把车锁锁到了别人的车上了。

85.狮子。

86.还有5个。

87.一盒粉笔90克重。

88.小杰说得不对，平均速度应为3里。

89.3个。

90."小马哈"写上"查无此人"，便投回了邮筒。

91.因为三角形的两个边长的和总是大于第三边，而这个骗子说的恰恰是两个边长的和等于第三边，所以很快被识破了。

92.小花猫用后爪抓鱼，最后偷吃到了。

93.（2）班得了47分，（1）班得了53分。

94.招牌上的话是字谜，每句话正好打一个字，连起来意思是"有好酒卖"。

95.鹦鹉对小猫说："难道你没有发现，这些天，主人可是感冒得很厉害啊！"原来，鹦鹉是学主人咳嗽的。

96.小偷是在涨潮的时候驾小船来到别墅的，他偷东西来到海边时，水还没退，所以又驾小船回去了。此后潮退了，沙滩上很长一段就没有脚印了。

97.原来，年轻猎人寻找到一个很大的山洞，就向里面扔石头，然后冲着里面"呜呜"叫喊。洞里果真有"呜呜"的回声，年轻猎人赶忙朝洞里射击，但没料到洞里开出一列货车，于是年轻猎人受伤了。

98.借助水的浮力，人在水中的重量就大大减轻了，这样，软梯就可以承爱得住两个人了。

99.梅子、石榴和葡萄。

100.张老师说："我在听小树说话。它在哭，因为你们都快把它的根摇断了。"

孩子们听了，一个个都低下了头，不再摇晃小树了。

101.猪妈妈把3只小猪留在了家。因为猪妈妈带着小黑黑回来后，小猪们平均分得了馒头，即每只小猪4个，16÷4=4，原来分馒头时少了一只小猪，所以是4－1=3只。

102.哈哈买的是猪血，付了1元钱。把所有的数字相加，就100（分）。

103.不对，应是5分钟。

104.没有变，因为水涨船高。

105.在阳光下，黑色比白色吸热，黑罐子比白罐子热。

106."天心取米"改为"未必敢来"。

107.如来佛脱下孙悟空的衣服，在他背上画一个圆圈，孙悟空就跳不出去了。

108.不知所云，离题万里。

109.12个星期。

110.包公下令不准喂饱千里马，夜里放走千里马，然后派人跟踪。

千里马由于饥饿便又向昨夜喂它的偷马贼家里跑去，顺藤摸瓜，轻而易举地捉住了罪犯。

111. 59分钟。

112. 3108÷4=777名卫兵。

113. 井水没有鱼，萤火没有烟，枯树没有叶，雪花没有枝。

114. 凶、区、冈。（其他符合条件的字，也算正确。）

115. 装满水的玻璃瓶被太阳一照，成为一块凸透镜，光线经圆瓶聚集成一点，时间一长，能把窗帘、桌布点燃，从而引起火灾。

116. 260公里。

117. 书生将财主画成蹲在地上玩的模样，要是他直起腰来，就有1米高了。

118. 丁当。

119. 丁当干的。于坚说了实话。

120. 米乐仍然胜利。因为米乐跑100米时米奇才跑90米，所以米乐仍能领先到达终点。

121. 两头猪。

122. 什么都没画。

123. 飞来的那一只不是老鹰。

124. 没亏。他只用了0.80元买铅笔。

125. 第二天考政治。

126. 她们是祖母、母亲和女儿3人。

127. 靶子挂在枪口。

128. 乒乓球躲到墙角去了，大铁球撞到了墙上。

129. 小朋友们玩跷跷板都知道，轻者离支点远，重者离支点近，这样才能保持平衡。但两边保持平衡，并不一定两边重量就一样。

130. 3个同学还是用了一样的力气。因为三角形的重心位于3条中线的交点，这个交点把每条中线分成了1：2两部分。如果3人的高矮差不多，不论抬哪一个角都要承担1/3的重量。

131. 黄豆与黄豆间的缝隙较大，芝麻把黄豆间的缝隙塞满了，所以，黄豆与芝麻混在一起装，就比黄豆与芝麻单独装多一些。

132. 被雷电击中的是那个翻地的农民，因为他手里拿着导电的铁锄。

133. 想霸占鸟窝的喜鹊怕挨石子，一定会飞走，而鸟窝的主人为建造和保卫鸟窝付出了辛苦，一定不会飞走。

134. 因为用绿铅笔在白纸上写的字，在绿灯下白纸上反射绿光，所以看不见纸上的绿字。

135. 小白兔先跑到终点。因为小白兔跑得快，即使小白兔让乌龟20米，但乌龟到达终点，还是要比第一次多爬20米。小白兔同样多20米，当然先跑到终点。

136. 小明顺手将水杯倒立在金缸中了。

137. 小青在糖盒里面放了一些糖果，且装得不多，这样盒子就放正了。

138. 小狗宝宝已经长成了大狗，不再是小狗宝宝了。

139. 小智叫司机把货车的每一个胎放一点气，货车降低了，就顺利地通过了城门。

140. 化妆师将这个嫌疑人化妆成了另一名正在通缉的凶犯。

141. 这个司机当时并未驾驶车辆，他是步行"撞"入人群的。

142. 因为凶恶的狼和小山羊不是在同一时刻迎面过桥的。

143. 这是谐音"龟（归）字。归、归……速归（竖龟）。

144. 今年真好，晦气全无，财富进门；昨晚生下，妖魔不是，好子好孙。

145.南来北往，实际是向同一个方向。

146.吴叔叔指的是乙，乙踢球打碎了玻璃，说明只有丙说的是真话。

147.原来，绳子虽然绕在救生圈上，却没把救生圈拴住，小星抓住了绳子的两头也不起任何作用。

148.因为这是一辆车，车上有的是座位，不用让座。

149.甲、乙、丙3人中，两人喝可乐和水，并且吃汉堡，剩下一人不吃也不喝。

150.四样果品是：香蕉、甘蔗、枣子、核桃，每样买2斤，共付2.7元。

151.刘备说："树是先生根，后长干，最后才长出树梢。树既然是从下往上长，岂不是越在下面的排列就越大，越在上面的排列就越小吗？"听了这话，张飞就甘心当小弟了。

152.全都照不到太阳。因为地球不会发光，所以地球绝对不会照到太阳。

153.树上的小鸟听见枪声都飞走了。

154.小陈捡了几个苹果就往屋外跑。农夫为了追赶小陈，也跟着追了出来，因此脱离了险境。

155.原来，两位父亲和两个儿子是祖父、父亲和儿子的关系。祖父给儿子（父亲）800元，父亲又从中拿出300元给儿子。因此，两个儿子的钱加在一起只有800元钱。

156.只要把这些花在每一个角落都摆一盆，再在每一面墙的中间摆一盆，就是每面墙都有3盆花了。

157.小能原来的苹果有7个，而小明只有5个。

175

158. 原来考试题目是："作弊的手段主要有哪些？"

159. 他用手先将地毯卷成筒，然后走到王冠跟前，捧走了王冠。

160. 不是王叔叔接西瓜的方法不正确。原来，当张叔叔站在船尾向岸上扔西瓜时，人会受到力的反作用，船就会离岸移开，张叔叔与王叔叔的距离就加大了。

161. 驾驶室的潦望窗全部被蚊子遮盖，舵手不能分辨方向，致使油轮不幸触礁沉没。

162. 贝尔纳的回答是："我抢离出口最近的那幅画。"

163. 如果你出生时是睡着的，那么你睡觉的次数就多一次；如果你出生时是醒着的，那么你醒着的次数就多一次。

164. 盲大爷的回答是："我怕别人在黑暗中撞倒我。"

165. 把软木塞压进了瓶子。

166. 这位大力士像耍杂技一样，两只手将3根铁棒轮番抛起，因此总有一根铁棒始终腾空着，他就是这样杂耍着从桥上过去的。

167. 收音机里的播音员就是张大爷的孙子。

168. 鸡毛掸子。

169. 瞎猫碰到死耗子。

170. 他按不到十六楼的按钮。

171. 发夹。

172. 因为他是在烈日下穿雨衣。

173. 9次。

174. 99次。

175. 因为是X光照片。

176. 假定甲在说真话，从甲说的内容可以知道，乙在说谎。既然乙在说谎，那么从乙说的内容可以推知，丁在说真话。

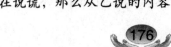

知道了丁在说真话，从丁所说的内容可知甲在说谎，与开始的假定相矛盾。

显然，假定甲在说真话不成立，唯一的可能就是甲在说谎。

同时，从乙说的内容中可以知道丁也在说谎。

所以答案是：甲和丁在说谎，丙说的是真话。

177. 因为他怕咬到手指头，白巧克力辩于区分手指与食物。

178. 老师表扬了亮亮没有作弊。

179. 门是推的。

180. 2 是最勤劳的，1 是最懒惰的。因为"一不做二不休"。

181. 鸡妈妈的。

182. 10 条。

183. 一次。

184. 多多保重或保重（身体）。

185. 每一年。

186. 59 分钟。

187. 动物。

188. 人。

189. 失明。

190. 油箱表的指针。

191. 空气。

192. 着火地就是火警队。

193. 医书。

194. $99+9/9=100$。

195. 把软木塞按进去。

196. 爸，给我买鞋。

197. 亲戚。

198. 乌鸦嘴。

199. 昨天。

200. 睡觉。

201. 一方土也没有。

202. 他们分别在河两岸。

203. 圣诞老人。

204. 海水。

205. 您已经亲口答应把公主嫁给我了。

206. 他在屋外。

207. 头痛。

208. 老虎不吃草。

209. 这是艘潜水艇。

210. 他自己的脚。

211. 他们在倒着走。

212. 平行线。因为平行线没有相交（香蕉）。

213. 薯片（鼠骗）

214. 因为她是售票员。

215. 茶壶。

216. 口水。

217. 荷兰豆（河拦豆）。

218. 因为这个民工是小孩的妈妈。

219. 他在高处向下射。

220. 自己的右手。

221. 蜈蚣。因为（蜈蚣）无功不受禄。

222. 因为这个学生是竖着将蚯蚓切开的。

223. 因为小猫已经长成大猫了。

224. 明天赴约。

225. 此句是六个字，此句不是六个字。

226. 秘书、天书、遗书、文书、毕业证书、情书、结婚证书、离婚证书都是在书店里买不到的书。

227. 因为眼睛长在耳朵前面。

228. 每个月份都有二十八日。

229. 母子关系。

230. 纸上写着六个——不要念出此文。

231. 这就是照镜子的效果哦。

232. 正常的孩子都只有一个右耳朵。

233. 最后一个小朋友顺便连盆一块拿走了。

234. 在铁轨上。

235. 区别是孔子的子在旁边，孟子的子则在头上。

236. 因为那个逃跑的犯人叫全都。

237. 掉进海底。

238. 破的是鸡蛋而不是锤。

239. 影子没有半个。

240. 他们只有三个人，即母亲、儿子、舅舅。

241. 因为还没到领奖的日期。

242. 原因是他没有真心爱她。

243. 去掉"冰"的两点。

244. 首先把36分解成奇数3、10、6，一共19只；6天各杀3只，另外1天杀一只就可以了。

245. 一只猫。

246. 先寄钥匙。

247. 11 分钟。

248. 火柴。

249. 因为眼镜蛇生活在一个根本没有人的森林里。

250. 孔雀。

251. 闭上眼睛。因为"眼不见为净"。

252. 等到六点闹铃响了就可以找到了。

253. 有人用枪指着你的时候。

254. 每个字 2 角。

255. 该修理的时候。

256. 老人是个中医。

257. 一个小时。

258. 另一个人将帽子挂在他的枪口上。

259. 肝胆相照（香皂）。

260. 信用卡、银行卡。

261. 一斤等于十两，一两等于十钱，所以"一斤 100 钱"。

262. 他自己的家。

263. 因为小张开的是灵车。

264. 去精神病医院。

265. 断电的电风扇。

266. 因为这是一辆献血车。

267. 小偷从入口逃走了。

268. 企鹅。

269. 地球。

270. 自己的葬礼。

271. 你就是船主，所以年龄自己最清楚了。

272. 凶手自首了。

273. 甲用自己的假牙去咬左眼。

274. 电车是没有烟的。

275. 时间。

276. 二月。

277. 他们都交白卷。

278. 朝地。

279. 报纸。

280. 刷假牙。

281. 车上有空坐。

282. 你自己。

283. 青竹蛇。

284. 他正在瞄准。

285. 如果装错了，要同时错两封，不可能只错一封，检查时小明又马虎了。

286. 因为他是牙科医生。

287. 另外一只脚站在地上。

288. 半只虫子。

289. 沉到江底。

290. 没有人敢劝架。

291. 它永远不会把草吃光，因为草会不断生长。

292. 用吸管吸。

293. 他是色盲。

294. 她嫁给了青蛙王子。

295. 那就是同年同月同日结婚。

296. 没人来喝喜酒。

297. 眍眼。

298. 后悔药。

299. 送人。

300. 手、脚。

301. 塑料花。

302. 在厕所里。

303. 当然能，他们是面对面站着的。

304. 这里是地球吗?

305. 黑鸡，黑鸡会生白蛋，白鸡不会生黑蛋。

306. 门忘锁了。

307. 没有人知道。

308. 明天过后的那天。

309. 榨成汁。

310. 放柱墙边。

311. 傻瓜。

312. 理发师。

313. 老王是个理发师。

314. 这是"错"字。

315. 做梦。

316. 因为小明是老师。

317. 卡车司机当时没开车。

318. 初一到初三，两天学一课，算不错了!

319. 一个。因为吃了一个后就不是空肚子了。

320. 迈上另一只脚。

321. 毛毛虫说："我要买鞋。"

322. 四个人在屋里打一个叫"麻将"的人，警察抓到的是他。

323. 她用历史课本当枕头睡。

324. 晕过去了。

325. 当然叫小明。

326. 两个半小时是一个小时。

327. 因为他们是母子关系。

328. 因为书就放在墙角。

329. 她吃瓜子。

330. 会被偷走。

331. 左手拿蛋，右手扔石头，鸡蛋怎么会破？

332. 客人送来的只是一幅画。

333. 祖孙三人。

334. 西瓜。

335. 因为人比太阳睡的晚。

336. 因为羊圈里没有羊。

337. 还是一群呀。

338. 起床。

339. 小波比是木偶。

340. 狗不会出汗。

341. 小老虎。

342. 没掰到一个。

343. 心比天高。

344. 人造卫星。

345. 小华的身上。

346. 他们自己。

347. 什么都看不见。

348. 黑夜，那是地球的影子。

349. 是在跳伞。

350. 永远不能。

351. 多胞胎中的两个。

352. 嘴巴。

353. 底片。

354. 创口贴在镜子上。

355. 金太太在吃甘蔗的时候吞吞吐吐。

356. 孔子满月。

357. 上的是体育课。

358. 从一数到二。

359. 外国人不懂英语。

360. 因为老王的老花镜是脏的。

361. 有蝴蝶在上面飞的花是鲜花。

362. 行人。

363. 因为狗只会生小狗。

364. 斗鸡眼。

365. 买鸭蛋。

366. 因为年年都被炒鱿鱼。

367. 过目不忘（过木不汪）。

368. 脉搏。

369. 坏掉的电灯。

370. 老虎不吃草。

371. 呼风唤雨（呼"黑旋风"唤"及时雨"）。

372. 黑板。

373. 刘三姐（留三姐）。

374. 用一万元的支票折成的。

375. 树上不长菠萝。

376. 在火车上扫。

377. 三长两短。

378. 昏过去了。

379. 瞌睡。

380. 其实你不懂我的心。

381. 敬酒不吃吃罚酒。

382. 这是兽医院。

383. 考试得的零蛋。

384. 售票员。

385. 小王是个婴儿。

386. 鸡生蛋。

387. 因为妈妈让爸爸好好地修理一下小明。

388. 这是一对聋哑人。

389. 高台跳水。

390. 因为他不在车上。

391. 鸡跑错了方向。

392. 铁球。

393. 芭蕾舞演员。

394. 倒立。

395. 因为他住一楼。

396. 因为两个人的分数超过他。

397. 新郎官。

398. 想快点抓住小偷。

399. 他天天说脏话。

400. 因为他戴了没有镜片的眼镜。

401. 因为大牛是人。

402. 步行。

403. 玩过家家游戏。

404. 一只死鸟。

405. 先开冰箱。